365 부모 말하기 연습 일력

박재연 지음 | 공인영 그림

한빛라이프

365 부모 말하기 연습 일력

: 하루 한 번, 나와 아이를 생각하는 시간

초판 발행 2021년 12월 10일
3쇄 발행 2022년 1월 20일

지은이 박재연 / **그린이** 공인영 / **펴낸이** 김태헌
총괄 임규근 / **책임편집** 권형숙 / **교정교열** 박성숙 / **디자인** 어나더페이퍼
영업 문윤식, 조유미 / **마케팅** 신우섭, 손희정, 박수미 / **제작** 박성우, 김정우

펴낸곳 한빛라이프 / **주소** 서울시 서대문구 연희로2길 62 한빛빌딩
전화 02-336-7129 / **팩스** 02-325-6300
등록 2013년 11월 14일 제25100-2017-000059호 / **ISBN** 979-11-90846-30-1 13590

한빛라이프는 한빛미디어(주)의 실용 브랜드로 우리의 일상을 환히 비추는 책을 펴냅니다.

이 책에 대한 의견이나 오탈자 및 잘못된 내용에 대한 수정 정보는 한빛미디어(주)의 홈페이지나 아래 이메일로 알려 주십시오. 잘못된 책은 구입하신 서점에서 교환해 드립니다. 책값은 뒤표지에 표시되어 있습니다.
한빛미디어 홈페이지 www.hanbit.co.kr / **이메일** ask_life@hanbit.co.kr
한빛라이프 페이스북 facebook.com/goodtipstoknow / **포스트** post.naver.com/hanbitstory

Published by HANBIT Media, Inc. Printed in Korea
Copyright © 2021 박재연&공인영&HANBIT Media, Inc.
이 책의 저작권은 박재연, 공인영과 한빛미디어(주)에 있습니다.
저작권법에 의해 보호를 받는 저작물이므로 무단 복제 및 무단 전재를 금합니다.

지금 하지 않으면 할 수 없는 일이 있습니다.
책으로 펴내고 싶은 아이디어나 원고를 메일(writer@hanbit.co.kr)로 보내 주세요.
한빛라이프는 여러분의 소중한 경험과 지식을 기다리고 있습니다.

하루 한 번, 나와 아이를 생각하는 시간

부모의 말하기 연습,
그 과정을 통해 가슴이 당당하게 펴지고
더 많이 웃고 행복한 우리가 되기를 소망합니다.

CONTENTS

나와 아이를 생각하는 열두 달

1월 부모인 나를 이해하고 공감해보는 달

2월 자동적 생각을 알아차리고 관계의 회복을 시도하는 달

3월 스스로 하는 아이로 클 수 있도록 믿어주고 응원해주는 달

4월 신뢰와 믿음을 주는 말을 연습해보는 달

5월 고마운 마음 마음껏 표현해보는 달

6월 다른 아이가 아닌 내 아이의 성장을 알아봐주는 달

7월 내 안의 화와 슬픔을 알아보고, 달래주는 달

8월 관계의 기적을 위해 있는 그대로 관찰해보는 달

9월 아이의 실수를 바로잡고 성장할 수 있게 도와주는 달

10월 거절을 두려워하지 않고 현명하게 부탁해보는 달

11월 아이의 욕구를 들여다보고 인정하는 연습을 해보는 달

12월 소중한 내 가족을 위해 진짜 대화를 나누는 달

31
DEC

우리의 대화는 언제든지 바뀔 수 있습니다.
자신을 사랑하고 타인을 사랑할 수 있는 사람이 되는 것.
그래서 서로의 가슴이 서로의 가슴으로 연결되는 것.
이것이 우리가 대화를 배워야 하는 이유입니다.

글
박재연

리플러스 인간연구소 소장, 국제죽음교육상담전문가ADEC로서 한국싸나톨로지협회 서울중부지부장과 한국기질상담협회 서울지부장 및 자문위원을 맡고 있다. 15주 과정의 〈연결의 대화〉 워크숍 프로그램을 개발하여 대화 훈련 및 갈등 중재를 전문으로 하고 있으며 그 외 심리 상담과 관계적 외상 연구에도 헌신하고 있다. 한국비폭력대화센터NVC인증트레이너 및 메타인지행동치료연구소 정신과에서 대화 팀장을 역임한 바 있다. 저서로는 《말이 통해야 일이 통한다》, 《사랑하면 통한다》, 《엄마의 말하기 연습》, 《나는 왜 네 말이 힘들까》, 《사실은 사랑받고 싶었어》가 있다.

이메일 replus@replushumanlab.com
홈페이지 www.replushumanlab.com
페이스북 www.facebook.com/replushumanlab
인스타그램 @replus_humanlab

30
DEC

어떤 부모가 되고 싶나요? 어떤 가정을 이루고 싶나요?
대화를 연습해보세요.
내 안의 사랑을 표현하고 감사하고 싶다면
오늘을 놓치지 마세요.

인사말

우리는 부모로서는 완벽하게 살겠다는 다짐을 하는 순간부터
조금이라도 완벽하지 못하다는 생각이 들 때마다 좌절하고 화가 나고,
아이에게도 한없이 미안함을 느낍니다.
그러나 잘 생각해보면 우리에겐 좌절과 절망만 있었던 게 아니라
아이들과 함께하며 얻은 기쁨과 행복과 보람이 있었습니다.
육아는 성공하고 실패하는 과업이 아니라
같이 경험하고 성장하는 삶의 경험이기 때문이지요.

아이를 보며 나를 보고
나를 보며 아이를 보는 것이 육아의 본질입니다.
육아의 본질은 있는 그대로 바라보고, 관찰하는 것입니다.
여기에는 또 기대와 호기심 어린 다가섬이 있어야 합니다.
아이에게 다정한 호기심을 안고 다가서고 싶을 때 부모는 어떤 대화를 해야 할까요.
그 대화를 통해 아이의 마음에 어떤 기억을 심어주면 좋을까요.
하루 하나씩, 우리 마음에 호기심을 품고 자녀와 연결될 수 있기를 바랍니다.

29
DEC

살면서,
더 많이 사랑한다고 표현하지 못한 것,
더 많이 안아주지 못한 것,
더 많이 이해해주지 못한 것.
그것이 가장 큰 후회의 기억이 되지 않기를.

JANUARY

1월

부모인 나를 이해하고
공감해보는 달

28
DEC

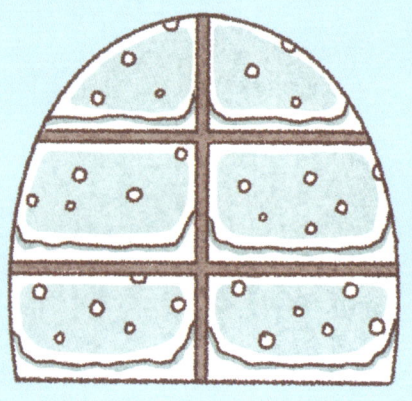

후회의 날을 줄이고 사랑하는 사람을
더 많이 사랑하고 행복하게 살아가세요.

1
JAN

좋은 엄마, 좋은 아빠가 되고 싶나요?
우리는 모두 그 누구도 대신할 수 없는,
지금 이대로 좋은 부모입니다.

자신을 믿어보세요.

27
DEC

진심어린 사과는
인간다움을 회복하는 과정입니다.

2
JAN

살면서 맡는 여러 역할 중 마지막까지
결코 내려놓거나 포기할 수 없는 게
'부모 역할'입니다.
설레고 두려운 마음으로 그 역할을 시작해
웃고 울며 살아갑니다.

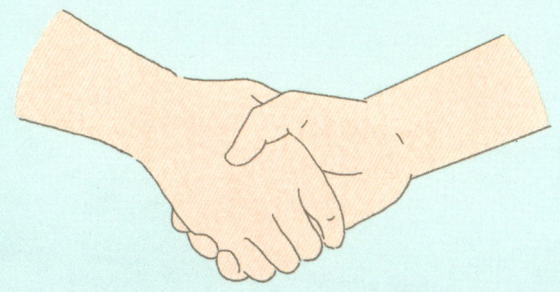

26
DEC

사과를 두려워하지 마세요.
자신을 미워하지 않으면서도
후회되는 마음을 고백할 수 있습니다.
그리고 변화할 수 있습니다.
사람은 언제나 실수를 통해 성장하는 존재니까요.

3
JAN

조그만 아이를 처음 품에 안았을 때의
형언할 수 없는 마음을 기억하나요?
그 작은 손과 발,
꼭 감은 두 눈,
쌕쌕거리던 숨결을 마주했을 때의 마음을.

25
DEC

눈을 감고 소중한 내 아이를 떠올려보세요.
나의 말과 행동으로 상처받았을 그 아이를
생각하며 상상해보세요.
내 진심을 다해 사과했을 때 치유될 아이의 모습을요.

4
JAN

우리는 누가 가르쳐주지 않아도
이 아이를 건강하게 키우며
좋은 엄마, 아빠가 되고 싶다는 소망을 품었습니다.

24
DEC

부모와 자녀, 부부 사이에 깊은 관계가 유지되려면
서로에게 진심으로 사과할 수 있어야 하며,
거절이 자유로워야 하고,
상대의 작은 배려에도 감사할 수 있어야 합니다.

5
JAN

아이를 키우다 보면 당황스럽고 두려운 상황과 맞닥뜨리고,
아이를 대하는 자신을 보며 부모 자격이 없는 것은 아닌지
실망하기도 합니다.
모든 부모의 마음이 그러할 것입니다.

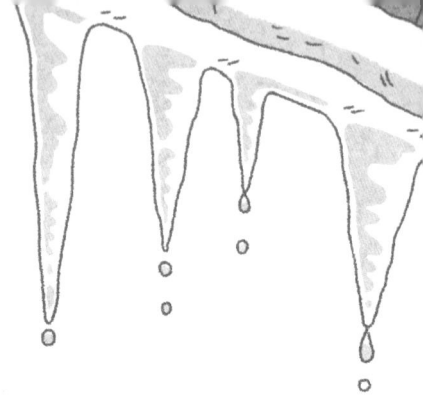

참 많은 사람이 부모로부터
사과받지 못한 일 때문에 상처받고 힘들어합니다.

6
JAN

아이와 함께 살아가며
합리적 생각에서 벗어나
감정의 파도에 휩싸이고
목소리가 격앙되는 순간은 얼마나 많았나요.
그러다 잠든 아이를 보며 미안함에 눈물 흘린 날은
또 얼마나 많았나요.

22
DEC

사과한다는 것은 용기가 필요한 일입니다.
자신의 결점이나 실수를 인정하고 그걸 표현해야 하니까요.
'다음에 하지.'라고 생각할 수 있지만 지금 꼭, 말해야 합니다.
아이도 나의 그 말을 기다리고 있기 때문이지요.

7
JAN

부모로서 후회되는 순간은 많지만
오늘은 죄책감은 잠시 내려놓고 생각해보면 좋겠습니다,
우리가 아이에게 헌신하고 기여한 날들을,
아이를 마음껏 사랑한 날들을요.

21
DEC

아이에게 미안해질 때
자신이 아닌 아이를 바라보세요.
사과는 그렇게 시작하는 겁니다.

8
JAN

우리는 부모이기에 가능한 귀한 경험을 합니다.
주는 기쁨과 기여하는 가치를 배우고,
아이의 웃음을 통해 커다란 행복을 느끼죠.

20
DEC

아이들이 바라는 건 완벽한 부모가 아닙니다.
솔직하고 진정한 부모의 자세면 됩니다.

9
JAN

지금, 우리 아이를 충분히 사랑하며 살고 있나요?

19
DEC

부모의 다툼을 목격한 아이 앞에서
상대를 탓하는 것도 도움이 되지 않습니다.
'어떻게 해야 서로에게 도움이 될까?'라는 관점으로 생각하면,
상대를 비난하고 평가하는 태도에서 벗어나 해결 방법에
집중해서 힘을 모을 수 있습니다.

10
JAN

'어떡해야 아이에게
내 사랑을 표현할 수 있을까?'
아름다운 고민입니다.

18
DEC

아이에게 부부간의 다툼을 설명하고 사과해야 하는 과정이
부모에게는 어렵고 고통스러울 수 있습니다.
자신도 힘든데 아이의 마음까지 공감해야 한다는 것은
도전이고 힘든 일입니다.
그렇다고 해서 없었던 일인 듯 그냥 넘어가서는 절대 안 됩니다.

11
JAN

마음만큼 사랑을 표현하지 못하는 것 같나요?
무언가를 돌려받겠다는 기대 없이
누군가에게 도움을 주거나 베푼 경험을 떠올려보세요.
근사하고 멋진 그 마음을 간직하고
아이를 바라보세요.

17
DEC

다툼에 대해 사과하는
부모의 말을 듣고 나서
아이가 "나 너무 무서웠어.
엄마, 아빠 싸우는 거 싫어."라고 한다면
아이의 마음을 충분히 공감해주세요.

12
JAN

"나는 너무 형편없는 아빠야."
"나는 너무 부족한 엄마야."
우리는 종종 이런 말을 하며 좌절하지만,
이 말에는 더 잘해주고 싶은 마음, 더 많이 사랑하고 싶은 마음이
담겨 있다는 것을 잊지 마세요.

16
DEC

아이가 안심하고 말할 수 있도록
부모가 먼저 자신의 마음을 표현하는 것이 좋습니다.
"저번에 엄마, 아빠가 싸우는 모습을 보여서 미안해.
서로 다투더라도 좀 더 부드럽게 얘기했어야 하는데
그러지 못했어. 우리는 네가 상처받았을까 봐
걱정하고 있어. 그때 너의 기분이 어땠는지 말해줄 수 있겠니?"
라고 솔직하게 얘기하는 것입니다.

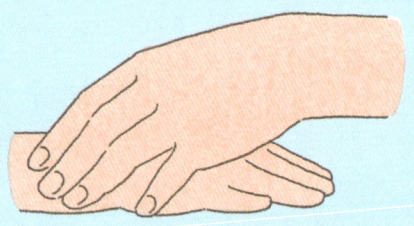

13
JAN

내가 부모로서 부족하다는 말은,
아이를 사랑하고자 하는 마음이
깊이 존재한다는 의미입니다.

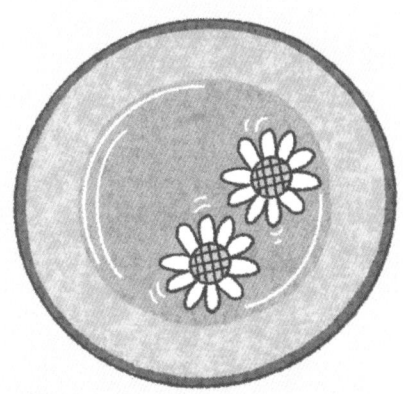

15
DEC

부모의 다툼을 본 아이의 마음은 어떨까요?
두렵고, 자신은 아무것도
할 수 없다는 생각에 막막하고,
'나는 이제 어떻게 되는 걸까?'라는
생각에 불안했을 거예요.
그 마음을 알아줘야 합니다.

14
JAN

부모가 된 그 순간부터 우리는
많은 소소한 사랑을 아이에게 주고 있습니다.

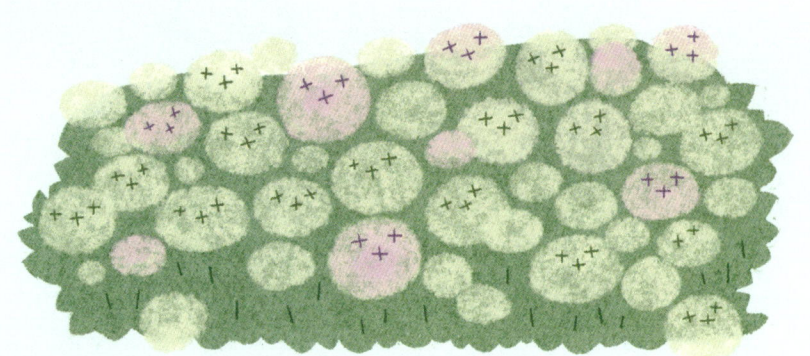

14
DEC

감정이 앞서 서로를 비난하며 다투는 모습을
아이들에게 고스란히 보이고 후회할 때가 있습니다.
이때 중요한 것은
아이가 정서적 안정을 회복하도록 돕는 것입니다.

15
JAN

아이를 키우며 종종 놀랍니다.
예전의 우리라면 누군가의 필요에
이렇게 빠르게 움직이는 사람이 될 줄 알았을까요?
책임감이라 하기엔 너무 큰 이 사랑이
어디에서 나오는지 신기해하면서
우리는 그렇게 부모가 되어 갑니다.

13
DEC

아이가 갑자기 부모가 죽을까 봐 두려워할 때
다음과 같은 대화를 나눠보세요.

"엄마, 엄마가 죽으면 나는 어떡해?"
- 아이의 감정을 부인하거나 가르치지 말고 수용해주세요.

"갑자기 그런 생각이 들어서 불안했구나."
- 아이에게 스킨십과 말로 공감해주세요.

"우리가 건강하게 오늘을 살 수 있어서 참 고맙다. 그치? 이리 와, 엄마가 안아 줄게."

16
JAN

우리 안에는 사랑받고 싶은 마음뿐만 아니라
이미 타인을 사랑하고자 하는 힘이 있습니다.

12
DEC

아이와 함께할 수 있는 오늘은 선물입니다.
이 순간에 감사하고, 행복을 충분히 느끼고,
타인의 아픔에도 공감하는 하루하루를 보내면 좋겠습니다.

17
JAN

아무것도 기대하지 않고
그저 아이가 건강하기를 바라는 마음으로
정성껏 키운 지난날을 절대 잊지 마세요.

11
DEC

우리에게는 아직 소중한 존재가 곁에 있습니다.
누군가는 너무나 간절히 원하는 그 대상이
우리에게는 있다는 걸 기억하세요.

18
JAN

우리 마음 안에는 참 강한 사랑이 있습니다.
태어난 순간부터 유년 시절을 지나 지금까지 그랬고,
앞으로도 그럴 겁니다.

10
DEC

지금 우리는
더 많이 사랑하고 후회 없이 표현해야 합니다.

19
JAN

매 순간 기억하세요.
우리가 아름다운 이유는
오로지 우리 마음 안에서
영원히 반짝이는 사랑 때문이라는 것을.

9
DEC

당연히 돌아올 거라 생각했던 가족이
돌아오지 않는다면 어떨까요?
이런 질문이 이어지면
'오늘 하루를 어떻게 살아야 할 것인가?'를 생각하게 됩니다.

20
JAN

인간은 아기 때부터
'타고난 도우미'라고 합니다.
태어나면서부터 어떤 보상 없이도
타인을 아끼고 돕는 존재라는 뜻입니다.

8
DEC

수업이 끝나면 집으로 돌아오는 아이의 일상.
과연 그것이 당연한 걸까요?
당연할 거라 생각했던 것들이 당연하지 않을 때
우리는 비로소 '그때 내가 감사하지 못했구나.'라고
깨닫게 됩니다.

21
JAN

열이 나던 어느 날, 고사리 같은 손으로
당신의 이마를 짚어주던 아이를 떠올려보세요.
지금 내 눈앞의 아이가 바로 그 아이입니다.

7
DEC

'지금이 내 삶의 마지막 순간이라면
나는 아이에게 어떤 말과 행동을 할까?'
이런 생각을 하면 매 순간 아이의 소중함을 느낄 수 있습니다.

22
JAN

부모는 늘 아이들을 더 사랑하고,
그 사랑을 더 표현하려 합니다.

아이의 감정에 민감하게 반응해주세요.
아이가 슬퍼서 울면
"슬프면 눈물이 나지? 엄마 품으로 올래?"라고 할 수 있는 엄마,
아이들이 웃으면 "즐거운 일이 있니?
너를 보니 아빠도 웃음이 나네. 안아줄까?"라고
할 수 있는 아빠가 되면 좋겠습니다.

23
JAN

사랑하는 힘은 주고 싶은 마음으로 이어집니다.
부모는 그 마음을 실천하며 살아가는 존재입니다.

5
DEC

삶에는 급하진 않지만 아주 중요한 것들이 있습니다.
부모인 우리에게는
아이와의 시간이 그렇겠지요.

24
JAN

우리에게는 태어난 그날부터
누군가를 사랑하는 마음이 있었고,
그 마음은 자연스럽게 주고 싶은 마음,
나누고 싶은 마음,
돕고 싶은 마음으로 이어져 왔습니다.

4
DEC

모든 것을 당연하게 여기면
자신도 모르는 사이에 사람들과 점점 멀어져
소외되고 고립되는 것은 물론
결국은 행복한 관계로부터 멀어집니다.

25
JAN

내 아이가 다른 사람과 어울릴 줄 알고
사랑하는 사람으로 자라기를 바라는 간절한 마음,
이것이 부모의 마음입니다.

3
DEC

가끔은 당연하게 여기며 누리는 것들을
다시 생각해볼 필요가 있습니다.
당연하다고 생각한 것이 당연하지 않다는 것을 알게 되면,
오늘 하루를 잘 살아내는 힘이 되고
아이를 바라볼 때도 평소 보이지 않던 것들이
보이기 때문이지요.

26
JAN

부모는 아이에게 주는 마음, 사랑하는 마음을
말로 가르치려 하지만
아이는 이미 사랑하는 방법을 알고 있습니다.
부모의 행동을 보고 자란 아이는 필요한 순간
자연스럽게 사랑하고 기여하는 행동을 하기 마련입니다.

2
DEC

오늘 내 아이의 얼굴을 마주하는 것,
아이를 챙겨주고 식사를 함께하는 것,
아이를 쓰다듬고 뽀뽀하는 것, 숨 쉬는 것,
모두 기적과 같습니다.

27
JAN

매 순간 나누며 살지는 못하더라도
우리는 가능하면 누군가에게
나의 능력과 삶을 나눠주고 싶어 합니다.
그 바람은 부모로 살아갈 때 크게 발현됩니다.

1
DEC

당연한 것은 아무것도 없다는 것을 알면
일상이 다르게 보입니다.

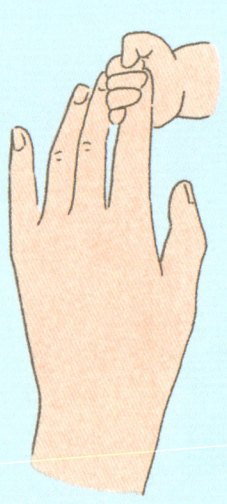

28
JAN

인간은 살아가면서 의미를 느끼고 싶어 하는 존재입니다.

자녀와 대화를 나눌 때도 '무조건'보다는 '의미'를 전달할 때
더 가까워질 수 있습니다.

DECEMBER

12월

소중한 내 가족을 위해
진짜 대화를 나누는 달

29
JAN

오늘은 내 안의 사랑을 확인하는 시간을 가져보면 좋겠습니다.

- 나는 아무 조건 없이 나를 사랑합니다.
- 나는 내 아이를 있는 그대로 사랑합니다.
- 세상에 태어난 그 순간부터 내 안에는 사랑하는 힘이 있습니다.

30
NOV

아이들과 함께 무언가를 해결하고자 할 때
제일 우선시해야 할 일은
부모인 우리의 체력과 에너지라는 것을
꼭 기억했으면 좋겠습니다.
갈등 당사자 간의 욕구를 탐색하고 공감하는 것도
시간과 여유가 있을 때 가능합니다.

30
JAN

혼자 있을 때, 생각날 때마다
자신이 들을 수 있도록 소리 내어 말해보세요.

- 나는 엄마(아빠)이기 이전에 소중한 나입니다.
- 나는 내 주변의 사람들을 너그럽게 사랑합니다.

29
NOV

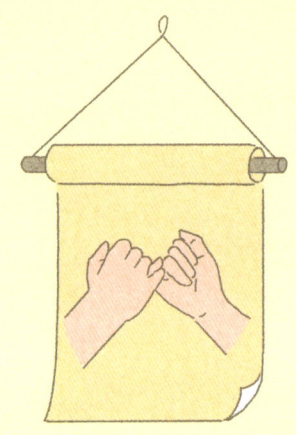

중재가 어려울 때는 일단 문제부터 해결하고,
아이들에게 남은 앙금과 서운함은 잠시 보류하세요.
그런 다음 여유가 생겼을 때 당시 아이들이
느꼈을 감정과 좌절된 욕구를 찾아서 달래주고,
다음에 또 이런 일이 생기면 어떻게 해결할지
규칙을 정해보세요.

31
JAN

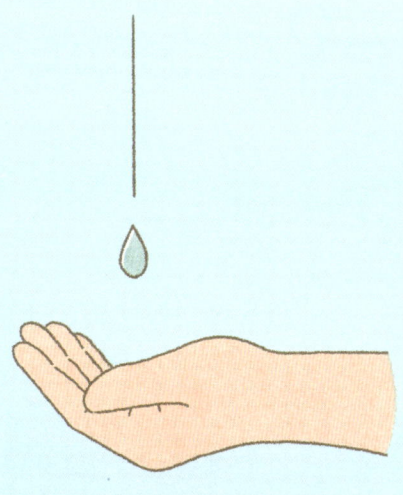

좋은 부모의 자격 같은 건 없습니다.
지금 아이의 고민을 들어줄 수 있고,
아이가 당신에게 눈물을 보이며 자신의 아픔을 말할 수 있다면,
당신은 이미 충분히 멋진 부모입니다.

28
NOV

갈등 과정에서 느낀 감정과 좌절된 욕구에 대해
공감받고 이해받을 때
비로소 진정으로 서로 이해하며 협력해서
문제를 해결하고자 하는 마음이 생깁니다.

FEBRUARY

2월

자동적 생각을 알아차리고
관계의 회복을 시도하는 달

27
NOV

왜 우리는 문제가 생기면
바로 해결하지 못하고 서로 비난할까요?
그것은 좌절된 욕구를 먼저 이해받고 싶어 하고
감정을 공감받고 싶어 하기 때문입니다.

1
FEB

부모로서의 나만 있는 건 아닙니다.
나는 나라는 한 사람으로서
사랑할 수 있고
사랑받을 수 있는 충분한 존재임을
잊지 말고 기억하세요.

26
NOV

형제자매 간에 갈등이 생겼을 때
두 아이의 욕구 모두를 보살필 방법을
어떻게 찾을 수 있을까요?

- **아이들에게 먼저 물어보세요.**

    "어떻게 하면 형의 선택을 지켜주면서 재미있게 놀 수 있을까?"

    "동생이 재미있게 놀고 싶다는데 어떤 방법으로 도와줄 수 있을까?"

2
FEB

나는 내가 얼마나 소중한 존재인지 알며,
나의 아이를 사랑으로 품을 수 있음도 압니다.

25
NOV

갈등 상황에 있는 아이들이 서로에 대한 비난을
멈추게 하는 방법은
서로의 욕구로 주의를 돌리는 것입니다.

각자의 욕구를 탐색해보고,
그 욕구의 좌절이 갖고 오는 감정이 어떤 것인지
느껴볼 수 있도록 도와주세요.

3
FEB

우리는 왜
이토록 아이를 사랑하면서도
아이에게 누구보다 큰 상처를 주는 걸까요?

24
NOV

아이가 친구와 다퉜을 때, 형제끼리 다툴 때
부모는 어떻게 아이들을 도울 수 있을까요?
제일 먼저 잘못을 따지는 것이 아니라
각자의 욕구가 무엇인지 파악해야 합니다.
누구 잘못인지가 아니라 무엇을 하고 싶었는지 물어봐 주세요.

4
FEB

아이가 잘되기를 바란다면서
아이에게 내 생각을 강요하고 있지는 않나요?

23
NOV

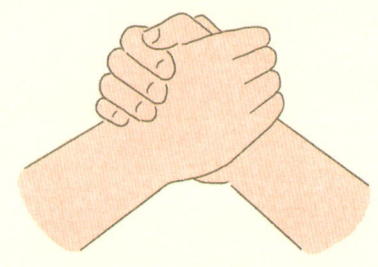

다른 사람과 갈등이 생겼을 때 필요한 것은 무엇일까요?
두 사람에게 필요한 것은
서로 비난하며 따지는 것이 아니라
서로의 욕구를 보살피고 충족할 수 있는 방법을
찾아가는 것입니다.
아이들에게도 이런 방식의 문제 해결 능력을 가르쳐주세요.

5

FEB

사랑하는 아이와의 대화가 힘들어지는 이유 중 하나는
'자동적으로 툭 떠오르는 자기만의 생각'을
진실이라 믿고 말하기 때문입니다.

22
NOV

"내가 더 예뻐, 동생이 더 예뻐?"
아이가 이렇게 묻는다면
그 아이만을 향한 온전한 사랑을
마음껏 표현하고 설명해주세요.
"너는 누구와도 비교될 수 없는 하나뿐인 존재야."

FEB

아이와 대화할 때 진짜 내가 하려던 말이 아니라
머릿속에서 순간적으로 떠오르는 대로 말해버리고
깊이 후회하지는 않았나요?

21
NOV

시간을 나누는 것과 사랑은 다릅니다.
시간은 유한하지만 사랑은 할수록 늘어납니다.

7
FEB

자동적인 생각은
우리를 무의식적으로 말하고 행동하게 합니다.
때로는 소리를 지르게 하고, 때리게 하고, 울게 하고,
그 결과 우리 자신마저 우울하게 만듭니다.

20
NOV

사랑은 더 깊고 커지는 거지
쪼개서 나눠주는 것이 아닙니다.
아이에게 그것을 알려주세요.

FEB

머릿속에 툭 떠오르는 생각을 진실이라고 믿으면
무조건 상대가 잘못했으니 고쳐야 한다고 생각하게 됩니다.
"네가 잘못했으니까 벌 받아야 해!"

19
NOV

아이가 다른 형제자매에게
부모의 사랑을 뺏길까 봐 불안해한다면 말해주세요.
"사랑은 하나가 아니라 불어나는 거야.
너에 대한 사랑은 사라지지 않아."

FEB

아이가 잘못했다는 판단이 들면
아이와의 관계가 단절되는 대화 패턴으로 빨려 들어갑니다.

18
NOV

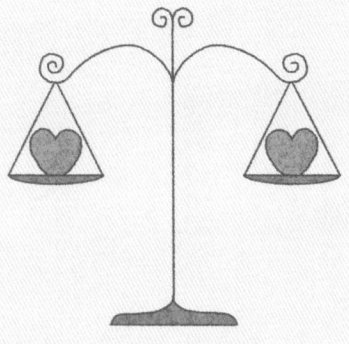

사랑은 기적이자 마술과 같아서
아이가 태어나면
그만큼의 사랑이 또 생깁니다.
사랑의 양이 정해져 있어 그것을 나누어야 하는 것이 아니라,
아이가 생기면 그 곱절의 사랑이 또 생기는 거죠.

10
FEB

자동적인 생각은 아이에 대해
판단하고, 비난하고, 강요하고, 비교하면서
우리의 행동이나 말에 대해서는 당연시하고 합리화합니다.

17
NOV

부모 자식 간의 사랑은 책임과도 연결되어 있습니다.
사랑한다는 건 호감을 넘어선 의지적 행위입니다.
매 순간 아이를 사랑하겠다는 선택과 의지가
사랑을 유지시켜줍니다.

11
FEB

원하는 것을 말하지 못하고
서로 비난하는 방식으로
대화하는 모습을 보면서 자라면,
어른이 되어, 사랑하는 아이와 상대에게
그렇게 말을 하고 맙니다.

16
NOV

아이가 다른 사람이나 다른 집을 부러워하는 말을 할 때는
다음과 같이 대화를 나눠보세요.

"엄마, ㅇㅇ네 집은 왜 커?"
- 부러워하는 마음을 그대로 인정해주세요.

  "친구네 집이 좋아 보였구나. 그럴 수 있어."
- 내가 줄 수 있는 것을 주세요.

  "당장 그런 집으로 가기는 힘들어. 지금 우리가 뭘 하면 행복할 수 있을까?"

  "방 구조를 바꿔서 집 분위기를 좀 다르게 해볼까?"

12
FEB

사랑을 회복하는 말하기도 분명히 있습니다.
꽤 많은 시간과 노력이 필요하겠지만
다르게 대화하는 방법을
배우면 행복해집니다.

15
NOV

현재의 삶, 지금 우리가 있는 곳에서 행복을 찾는 모습을
아이들에게 보여주는 것이 중요합니다.

13

FEB

관계를 회복하는 대화를 위해서는
걱정되고 불안하고 조급한 마음을 내려놓고
내 마음을 인정하고 알아차리는 것이 먼저입니다.
'아, 내가 저렇게 대화하며 살아왔구나.
그래서 때로 내가 아팠고 상대가 아팠구나.'
우선, 후회하고 있는 자신의 마음을 먼저 위로해보세요.

14
NOV

우리는 아이들에게 많이 채우는 것을 주입시키고,
그래야만 성공한다고 말합니다.
그것이 아이들을 불행하게 만들 수 있습니다.
아무리 많이 가져도 계속 부족하다고 생각하는 게
사람의 욕심이기 때문입니다.

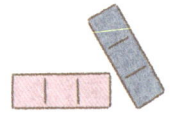
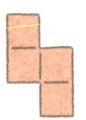

14
FEB

상대와의 관계를 개선할 수 있는
평화로운 대화를 하기 위해서는,

- **구체적인 행동의 관찰이 이루어져야 하고,**
- **관찰에 대한 느낌을 정확하게 표현할 수 있어야 합니다.**
- **그런 느낌이 드는 욕구를 파악한 다음**
- **자신의 요구를 상대에게 요청(부탁)하는 연습을 하면 됩니다.**

13
NOV

행복한 삶이란
현재 주어진 것에 감사하는 삶이 아닐까요.
아이들도 그런 것을 배워가야겠지요.

15
FEB

나를 둘러싼 관계와 대화하는 법을 바꾸고 싶나요?
내 생각이 자동적으로 떠오르는 생각일 뿐 진실이 아님을,
자신에게 말하고 다독여줄 수 있어야 합니다.
그런 다음 사랑하는 사람과의 관계 개선을 위한
대화를 시작해봅니다.

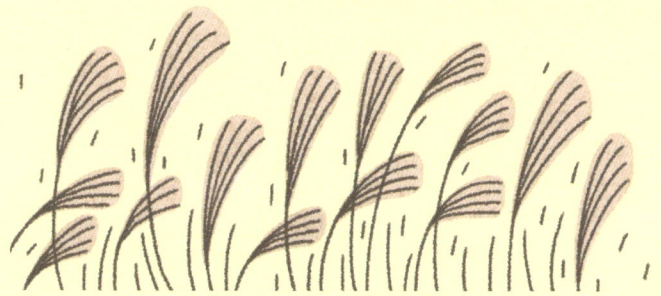

12
NOV

아이에게 무언가를 더 해줄 수 없을 때
마음은 아프겠지만, 그걸로 자책하지는 마세요.
"네가 어떤 마음인지 엄마(아빠)도 알아."라고
공감해주면 됩니다.
원하는 것을 다 가지면서 살 수 없는 것이 인생이라는 것을
아이들이 단번에 알아듣지는 못하겠지만,
서서히 받아들일 수 있게 말이지요.

16
FEB

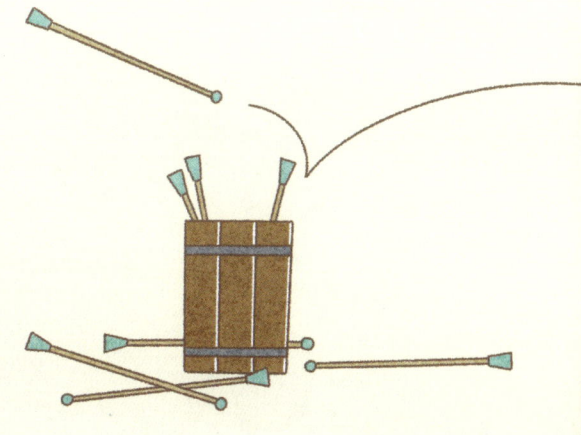

매일의 일상에서 툭 떠오르는 자동적인 생각을 알아차려 보세요.

- 그 생각에 다음의 이름을 붙여보세요.

  판단 / 비난 / 강요 / 비교 / 당연시 / 합리화
- 그것은 자동적으로 떠오른 생각일 뿐 진실이 아님을 자신에게 말해주세요.

11
NOV

부모가 해줄 수 없는 것을 아이가 원하면
부모로서 미안해집니다.
부모 마음은 자식에게 모든 걸 다 주고 싶으니까요.
그렇다고 부모가 무너져서는 안 됩니다.
이럴 때는 그냥 같이 있어주고 충분히 공감해주세요.

17
FEB

자신에 대해 얼마나 알고 있나요?
행복한 관계를 맺기 위해,
아이들과 건강한 관계를 맺는 부모가 되기 위해,
소중한 관계를 잘 이어가기 위해 꼭 필요한 건,
나 자신을 충분히 이해하는 것입니다.

10
NOV

당신은 어릴 때 무엇을 부러워했나요?
지금 내 아이가 부러워하는 건 무엇인가요?
아이가 부러워하는 모든 것을 채워주면
과연 더 행복한 삶을 살까요?

18
FEB

내가 좋아하는 것과 싫어하는 것을 상대에게 알려주세요.
나와 상대가 모두 아는 내 모습,
열려 있는 부분을 넓혀가면
행복한 인간관계를 맺을 수 있습니다.
서로에 대해 아는 만큼 잘 지낼 수 있으니까요.

9
NOV

아이들은 무언가가 부럽거나 갖고 싶을 때
속마음을 관찰로 표현하곤 합니다.
마트에서 "나는 왜 이게 없어?"라는 말을 들으면
'아이가 저것을 갖고 싶어 하는구나.'라고 이해할 수 있습니다.

19
FEB

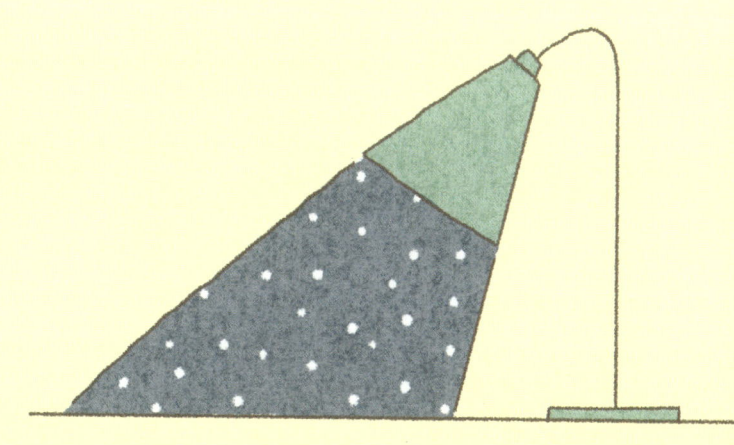

서로에 대해 알아가는 대화를 통해
상대가 무엇을 좋아하고 싫어하는지 더 많이 알게 될수록
갈등이 적어집니다.
갈등이 생겨도 해결하기가 수월합니다.

8
NOV

부모의 강요가 반복되면 아이는
학습된 무기력을 느껴
부모의 말에 반응하지 못합니다.
아이와 의견이 맞지 않을 때
무조건 강요하거나 보상을 제시하는 대신
어떻게 해주기를 원하는지 물어보세요.

20
FEB

사람은 저마다 타고난 기질이 다릅니다.
내 아이가 나와 같다고 생각하면 많은 갈등을 초래합니다.
아이는 내가 아닙니다.
대화를 통해, 경험을 통해
서로를 알아가는 연습이 필요합니다.
"아, 너는 그렇구나."라고 말해보세요.

7
NOV

아이와 대화할 때는
조건 대신 제안하기를 권합니다.
아이에게 선택을 허용하고,
부모의 의견과 대립되는
선택을 하더라도 강요하지는 마세요.

21
FEB

인정하고 싶지 않은 모습이
남들에게는 보일 때가 있나요?
때론 타인이 나를 평가하는 말이나 조언에 귀 기울여보세요.
소중한 사람의 조언 덕분에 우리는 더욱 성장할 수 있습니다.

살면서 중요한 기본 질서와 규칙에는 조건을 달면 안 됩니다.
아이가 깨닫도록 기다려주세요.
마침내 아이 스스로 중요하다는 것을 알고 움직이면
부모는 그저 바라봐주고 고마움을 표현하고
격려해주면 됩니다.

22
FEB

어쩌면 숨기고 싶은 나의 비밀,
상대는 모르는 내 비밀의 모습이 있나요?
가까운 사이라도 말하지 않으면 모릅니다.
그것 때문에 가끔 서로 놀랄 만큼 낯선 기분을 느끼기도 하고요.
그러나 그 비밀을 말해버리고 나면
약점도, 부끄러운 점도 털어버릴 수 있습니다.

5
NOV

공유가 없는 교환적인 관계에서 자란 아이에게는
감사하는 마음이 없습니다.
자녀와의 관계에서 가장 중요한 사랑과 감사가 넘치려면,
자녀와 교환적인 관계로만 남아서는 안 됩니다.
그것은 사랑이 아니라 비즈니스입니다.

23
FEB

우리는 종종 자신에 대해 말하지 않으면서
상대가 알아주기를 바라고,
알아주어야 한다고 믿기도 합니다.
말하지 않는데, 누가 알까요.

4
NOV

서로의 마음 상태를 이해하고
공감하는 공유 의식이 없으면
교환은 인간적인 향기를
가질 수 없습니다.

24
FEB

사람은 누구나 무의식 저편에
저장해둔 모습을 갖고 삽니다.
나도 모르고 남도 모르는 미지의 영역이 있지요.
누구에게나 자신도 모르는 모습이 존재한다는 걸
인정하는 것만으로도 인간은 겸손해질 수 있습니다.

3
NOV

우리 삶의 모든 것이 교환으로 이루어지면
부모 자식 사이도 매우 건조하고 거래적인 관계가 됩니다.
상대의 마음을 공감하고 그 감정을 공유하는 바탕에서
이루어지는 것이 중요합니다.

25
FEB

때론 아이들이 부모에 대해 하는 말을
귀담아들을 필요가 있습니다.
아이는 늘 부모를 주시하기에
어쩌면 우리보다 더 우리 자신에 대해 잘 알 수 있습니다.

2
NOV

사람이 건강하게 살기 위해서는
서로 필요한 것을 교환하고,
서로의 마음을 공감하고,
중요하게 여기는 것을
공유할 수 있어야 합니다.

26
FEB

상대가 나에 대해 하는 말에 귀 기울이고,
서로에 대해 알아가는 것이야말로
관계를 건강하게 만드는 방법입니다.

1
NOV

아이를 움직이게 하는 데 필요한 것은
보상이나 강요가 아니라
아이에 대한 신뢰와 기다림입니다.

27
FEB

먼저 솔직하게 자신을 열어놓고
같이 나누며 배워가는 것.
부모라면 반드시 그런 연습이 필요합니다.

NOVEMBER

11월

아이의 욕구를 들여다보고
인정하는 연습을 해보는 달

28
FEB

지금 자신이 가장 알고 싶은 한 사람,
사랑하는 한 사람을 떠올려보세요.
둘의 관계를 열린 관계로 넓히는 연습을 해볼까요.

- 당신이 무엇을 좋아하는지 그 사람이 알고 있나요?
- 그 사람이 무엇을 좋아하는지 당신은 알고 있나요?
- 서로 싫어하는 것을 하지 않기 위해 서로 어떤 노력을 하나요?
- 그 사람이 당신에 대해 하는 말을 이해하며 들어보나요?
- 자신에 대해서 그 사람에게 솔직히 표현하며 지내나요?

31
OCT

모두와 친구가 될 수는 없지만
한 명의 친구는 만들 수 있습니다.
아이가 마음 맞는 한 명의 친구를
찾을 수 있게 도와주세요.

MARCH

3월

스스로 하는 아이로 클 수 있도록
믿어주고 응원해주는 달

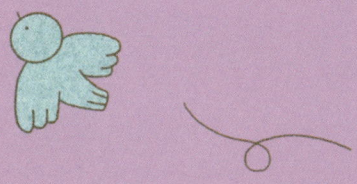

30
OCT

아이가 다른 친구와 어울리기 힘들어한다면
넓은 운동장에 아이를 밀어넣는 것이 아니라
친구 한 명을 집으로 초대해보세요.
아이가 한 친구와라도 잘 지낼 수 있게 도와주는 거예요.
이런 식으로 조금씩 도와주다 보면
아이도 자기 마음을 이해해주는 누군가와는
좋은 관계를 맺을 수 있다는 걸 배울 수 있습니다.

1
MAR

모든 것을 다 해주던 사람이 갑자기 떠나면
작은 일도 혼자 할 수 없게 됩니다.
조금씩, 꾸준히 스스로 할 수 있도록
잡은 손을 천천히 놓아줄 때 아이의 자율성이 자랍니다.

29
OCT

부모가 영원히 아이의 친구를
대신할 수는 없습니다.

2
MAR

"무엇을 좋아하니"라는 간단한 물음에도
아이가 바로 대답하지 못하거나
부모님이 대신 말해주길 기다려 걱정되나요?
은연중에 부모가 아이의 의사 표현을 가로막아 왔거나
아이가 요구하기도 전에 나서서
무언가를 해주진 않았는지 잠시 돌아보면 어떨까요?

28
OCT

아이가 거절당하면
"너랑 놀고 싶지 않은가 봐."가 아니라
"지금은 자기들끼리 해야 하는 중요한 일이 있나 봐."라고
해석할 수 있게 도와주세요.
그게 사실인 경우가 많습니다.
부모가 상황을 바르게 해석해야
아이도 건강하게 대처할 수 있습니다.

3
MAR

부모 세대는 어느 정도 외부의 억압 속에서 자랐고,
자신의 의사와 행동을 선택하지도 못한 채
성인이 되었습니다.
그러다 보니 성인이 되어서도 스스로를 억압하고,
아이에게도 똑같은 방식으로 억압하는 말을 하곤 합니다.
시간이 지날수록 아이와의 대화가 순조로울 수 없는 이유입니다.

27
OCT

아이가 거절당했을 때
'감히 내 아이를!'이라는 괘씸함은 내려놓고,
아이가 욕구를 충족할 수 있는 다른 방법을
고민하고 도와주세요.

4
MAR

어려서부터 하고 싶은 말을 못 하고 자라왔다면
어른이 된 지금도 다른 사람들 앞에서
자신의 의견을 말하는 것이 불편할 수 있습니다.
그렇더라도 속으로는
자신이 원하는 것을 표현하고 싶어 하지요.
그것이 우리가 내면의 목소리에
귀를 기울여야 하는 이유입니다.

26
OCT

아이에게 "친구가 나 싫대."라는 말을 들었을 때
어떻게 대화할까요?
거절은 상대를 무시하거나 싫어한다는 표현이 아닙니다.
그 사람에게 지금 중요한 다른 무언가가 있다는 신호입니다.
아이들이 거절의 의미를 잘 해석한다면
상처받지 않고 성장할 수 있습니다.

5
MAR

억압이나 두려운 환경에서는
아이나 어른이나 창의성을 발휘하지 못합니다.
자신을 안전하게 보호하고 싶은 방어 기제가
자연스럽게 올라오기 때문이지요.

25
OCT

어떻게 하면 아이들이
타인의 낙인으로부터 자유로울 수 있을까요?
"그 사람은 그렇게 생각했구나."
그것은 그저 그 사람의 생각일 뿐
진실이 아님을 알려주세요.

6
MAR

누군가로부터 억압을 당하면
도전하기보다는 수동적으로 움직이고
자신에게 익숙한 방식으로만 행동하려 합니다.
아이들도 크게 다르지 않습니다.
그래서 아이를 두렵게 해서는 안 됩니다.

24
OCT

아이가 밖에서 부정적인 평가를 듣고 와
한없이 가라앉을 때면 부모도 마음이 무너지지요.
이럴 때 부모가 조급해하면 안 됩니다.
부모에게 필요한 것은
아이에게 찍힌 낙인을 부정하는 것이 아니라,
아이가 다른 관점에서 생각하도록
'전환, 환기'해주는 것입니다.

7
MAR

어릴 때부터 무언의 압박을 받으며 자라다 보면
그 안에 자신을 가두고 그 틀에서만 움직이게 됩니다.

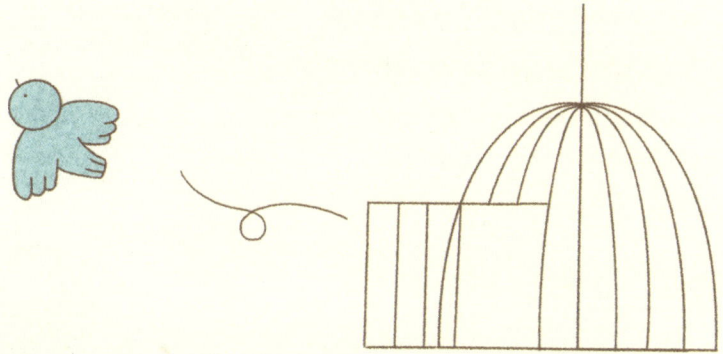

23
OCT

아이의 행동이나 말이 문제라는 생각이 드는 순간이 있나요?

- **행동에 대한 판단 대신에 관찰한 결과만 말해보세요.**

    "넌 왜 그러니? 정말 문제야."

    → "어제도 오늘도 양말이랑 옷이 책상 위에 있어."

- **내가 원하는 진심을 담아 부탁해보세요.**

    "지저분하게 이렇게 두면 어떡해. 너 혼자 사는 곳이니!"

    → "가족이 함께 지내는 공간에서는 협조가 필요해. 지금 세탁기에 넣어줄래?"

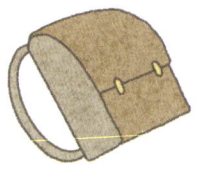

8
MAR

요즘 아이들은 끊임없이 묻습니다.
"엄마, 나 이거 해도 돼?"
"엄마, 나 이제 뭐 해야 돼?"
아이들을 독립과 의존 사이에서 균형 있게
성장시키려면 어떻게 해야 할까요?

22
OCT

아이에게 "너를 포기했다."라는 말은 절대 하지 마세요.
괜한 말로 아이에게 상처를 남기지 말고,
부모가 진심으로 원하는 욕구를 표현해보세요.
이것이 대화의 핵심입니다.

9
MAR

아이들은 저마다 다른 기질과 재능을 가지고
이 세상에 왔습니다.
우리가 아이들의 기질과 재능을
충분히 이해하지 못한 채 키우고 있는 것이지요.
도움과 간섭은 그 차이에서 옵니다.

21
OCT

'어떻게 해야 서로에게 도움이 될까?'라는 관점으로 생각하면
아이를 비난하고 평가하는 태도에서 벗어나
해결 방법에 집중하고 힘을 모을 수 있습니다.

10
MAR

부모가 어떻게든 아이의 재능을
찾아줘야 한다고 생각하면서
자신이 옳다고 믿는 방식을 주장할수록
역설적이게도 아이들의 꿈과 비전,
재능을 발견하는 일에서는 멀어집니다.

20
OCT

사랑하는 눈으로 보면
문제를 대할 때
우리의 마음이 도와주겠다는 쪽으로 변합니다.

11
MAR

아이를 키울 때
어디서부터 어디까지 관여하고
어디까지 독립심을
길러줘야 할까요?

19
OCT

사람들은 판단하는 걸 좋아합니다.
무엇이 옳고 그른지 따지는 것도 좋아하지요.
아이에게도 그 판단 기준을 적용해
쉽게 단정 짓습니다.
"그 집 애 문제아야."라고
아이를 섣불리 단정하기 전에
사랑하는 마음으로 봐주면 좋겠습니다.

12
MAR

아이들은 언젠가는 부모라는 둥지를 떠나 독립합니다.
이때 부모는 서운함 없이, 아이는 두려움 없이
서로를 보내고 떠날 수 있어야 합니다.

18
OCT

아이는 꼭 '최적의 시기'가 아니라도 배울 수 있습니다.
내 아이가 다른 아이들보다 조금 느린 것 같다면
도와줄 필요는 있지만, 부모가 불안해하거나
걱정한다고 해서 해결되지는 않습니다.
주변에서 어떤 말을 하더라도 부모가 주관을 갖고 키울 때
아이는 온전히 밝게 자랄 수 있습니다.

13
MAR

내 아이가 굉장히 의존적이라면
나도 모르게 아이의 모든 일에 관여하며
내가 원하는 대로 행동하게 한 것은 아닌지 생각해보세요.

17
OCT

아이만은 절대 포기할 수 없다고 생각하지만
살다 보면 부모라는 역할을 포기하고 싶을 만큼
지칠 때가 있습니다.
지금 이 순간, 이 상황에서 자신이 행복할 수 있는 방법이
무엇인지 아는 것이 중요합니다.

14
MAR

부모는 때로 아이를 보호하기 위해 야단치고
예의 바른 아이로 키우기 위해 폭력을 사용합니다.
하지만 그 모든 과정을 아이와 대화를 나누며
아이 스스로 선택해서 행동하게 했는지,
아이에게 강요했는지, 스스로에게 물어볼 필요가 있습니다.

16
OCT

육아만큼 사람을 겸손하게 만드는 것이 있을까요.
몸을 낮추고 눈을 맞추어야 아이와 마주할 수 있습니다.

15
MAR

대부분의 부모가 아이를 키우면서
자신만의 기준을 정하고,
그것을 가르쳐주고 싶은 나머지
아이의 의견이나 마음을 이해하고 받아들이지 못합니다.

15
OCT

혹시 아이가 부탁을 거절할 때는
그 이유를 들어보는 과정이 필요합니다.
부모가 아이의 욕구에 귀 기울이고
방법을 찾아보려 고민하는 모습을 보일 때
아이도 부모의 부탁에 귀 기울일 가능성이 높아집니다.

16
MAR

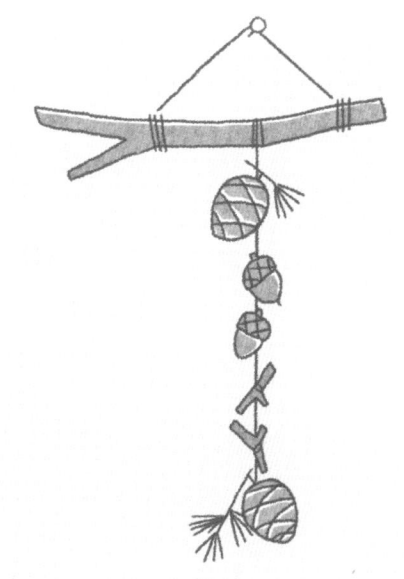

아이가 일상에서 "화장실 갔다 와도 돼요?"라고
사소한 것까지 묻는다면
스스로에게 질문을 던져볼 필요가 있습니다.
'나는 그동안 아이에게 얼마나 많은 것을 제한하며 키운 걸까?'

14
OCT

아이에게 부탁할 때는 아이도 동의하는지 물어보세요.
이것이 아이의 협조를 이끌어내는 마지막 기술입니다.
이왕이면 아이들이 기쁘게, 그리고 기꺼이 할 수 있도록
부모가 먼저 표현하는 연습이 필요합니다.

17
MAR

'우리 아이는 모든 일을 늘 나에게 물어서 큰일이야.'
이런 생각이 든다면 환영합니다.
이제 우리에게는 숙제가 있습니다.
아이가 때로는 부모에게 의존하면서도
독립적으로 자랄 수 있도록 양육하는 방법을 배워갈 것입니다.

13
OCT

사람은 누구나 다른 누군가를
돕고 싶은 욕구를 가지고 태어납니다.
그렇기 때문에 부모가 어떤 방식으로 부탁하는지에 따라
아이들이 그 일을 즐겁게 할 수도 있고,
의무감으로 마지못해 할 수도 있습니다.

18
MAR

어느 누구도 엎드려 기는 아이에게
바로 일어나 혼자 걸으라고 하지 않습니다.
손을 잡아주고, 몇 발을 혼자 움직여 다가오면
넘어지기 직전에 안아주고,
언제든 아이 몸 가까이에 대기하고 있지요.
아이가 성장하기 위해서는
사랑의 마음과 관심의 눈길,
그리고 가까이 있는 손길이 필요합니다.

12
OCT

부탁을 잘하는 또 하나의 기술은
실현 가능한 내용을 담는 것입니다.
아이의 능력이 가능한 범위 내에서 부탁하는 것은
정말 중요합니다.

19
MAR

아이가 지나치게 의존적이라고 생각하며 불안해하지 마세요.
부모와의 밀착감이 좋은 것일 수도 있으니까요.
다만 아이 스스로 선택해서
이 세상을 살아갈 수 있도록 도와주면 됩니다.
이제부터라도 혼자서 조금씩 해볼 수 있도록 도와주면 됩니다.

$\dfrac{11}{\text{OCT}}$

원하는 것을 구체적으로 자세히 설명해주면
아이도 자신의 능력 안에서 도전해볼 수 있습니다.
중요한 것은 작은 성공의 경험을 늘려주는 거예요.
그래야 아이의 자신감을 높일 수 있습니다.

20
MAR

'왜 내가 아이를 이렇게 의존적으로 키웠을까?'라며
자신을 비난하지 마세요.
얼마나 아이를 사랑했으면 그랬을까요.
그 진심만큼은 의심하지 마세요.

10
OCT

아이에게 부탁할 때 중요한 기술은
구체적으로 표현하는 것입니다.
"학교생활 잘하고 와."라는 모호한 말 대신
"오늘 학교 가서 힘들어 보이는 친구가 있으면
도와주겠다고 말해봐."라고 해야 실천하기 쉽습니다.

21
MAR

'이 아이는 누굴 닮아서 이렇게 나약하고 의존적일까?'라며
아이를 나무라지 마세요. 아이들은 저마다 다릅니다.
지금 내 아이는 다른 아이보다
조금 더 섬세하고 조심스러울 뿐입니다.

9
OCT

아이에게 무언가를 부탁할 때는
원하지 않는 것이 아니라 원하는 것을 말하세요.

22
MAR

굳이 비난하지 않아도, 냉정하게 가르치지 않아도
아이는 의존과 독립 사이에서 건강하게 성장할 수 있습니다.
이 사실을 부모인 우리가 믿고 있으면 좋겠습니다.

8
OCT

아이에게 부탁할 때 꼭 필요한 첫 번째 기술은
긍정적인 단어, 표현을 사용하는 것입니다.
"~하지 마."라는 말 대신 "~하면 좋겠다."는 어떨까요?

23
MAR

아이가 너무 착해서 탈이라고 생각하나요?
혹시 "바보같이 왜 가만있어."라고 말한 적 있나요?
양보만 하는 아이, 착한 우리 아이를
어떻게 이해하고 도와야 할까요?
아이가 원해서 양보하는 건지,
억울한 마음을 품고 있지는 않은지 살펴봐 주세요.

7
OCT

가족 간의 부탁에서 기억해야 할 것은
내가 최선을 다할 뿐
상대는 언제나 거절할 수 있다는 것입니다.

24
MAR

마음을 누르는 건 자연스럽지 못합니다.
마음은 언제나 시냇물처럼 잔잔하게 흘러가야 하니까요.
물이 흘러가지 못하고 고이면 썩고 마는 것처럼
마음도 그렇답니다.

6
OCT

대부분의 부모들은 아이들이
무엇을 중요하게 생각하는지 잘 듣지 않습니다.
아이들은 잘 모르기 때문에 어른이 하자는 대로
따라야 한다고 생각하지요.
아이들이 원하는 것을 부모가 잘 들어줄 때
부모가 원하는 것도 잘 이루어진다는 것을 기억합니다.

25
MAR

어떤 사람이 자꾸 억압적으로 나를 누르고 명령하면

- 표면적으로는 그 사람이 하라는 대로
  하더라도 저항이 커지다가 싸우거나

- 마음이 무기력해져 더욱 순종적이고
  굴복적인 행동을 할 수도 있습니다.

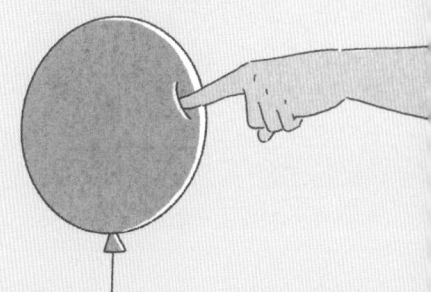

5
OCT

부모인 우리가 먼저 자신의 욕구를 능동적으로 잘 표현하면,
아이들도 그런 언어를 자연스럽게 경험하고 배우며
건강한 대화 습관을 갖게 됩니다.

26
MAR

우리 아이가 지나치게 참고 견딘다면,
그것이 혹시 학습된 억압의 결과는 아닌지
생각해보면 좋겠습니다.
나도 모르게 아이에게 "착하게 굴어야지."
"이러면 사람들이 싫어하지."라고 말한 적은 없는지
돌아볼 필요가 있습니다.

4
OCT

이제부터 상대가 "무슨 일 있어?"라고 물으면
"아무 일 없어. 화난 거 아니야."라고 말하는 대신
원하는 것을 제대로 표현하는 연습을 해볼까요?

27
MAR

때로 아이들은 스스로 원하지 않아도
인정받기 위해 억지로 행동합니다.
부모의 따뜻한 눈길 한번 더 받기 위해,
부모의 따뜻한 말 한마디 더 듣고 싶어서.
이건 너무나 슬픈 일입니다.

3
OCT

내가 아무 말도 하지 않으면
상대가 알아서 해주지 않는 것이 당연합니다.
만약 이때 원하는 것이 이루어진다면 그것은 기적이지요.

28
MAR

부모의 인정보다 중요한 것이 있습니다.
자유입니다.
아이들은 부모의 품안에서 자유로워야 합니다.

2
OCT

사람들은 자신이 원하는 것을 구체적으로
말하지 않으면서
'이 정도면 알겠지.'라고
생각하며 충분히 표현했다고 착각합니다.
그러고는 상대가 자기 부탁을
들어주지 않는다고 단정 짓습니다.
욕구를 담은 부탁은
말로 정확하게 표현하지 않으면 실현되기 어렵습니다.

29
MAR

'우리 엄마, 아빠는
아무런 조건 없이 나를 사랑해.'라는
믿음이 가슴 안에 자리 잡을 때
아이들은 자유롭게 행동합니다.

1
OCT

자신이 원하는 것을 상대가 알아서 해주기를 바랄 때
강요라는 폭력이 생겨납니다.

30
MAR

많은 부모가 마음속 진심과 달리
그 사랑을 온전히 전하지 못합니다.
그런 행동이 아이로 하여금 인정받고 싶게 만들고,
착하게 굴게 만들고, 결국 침묵하며 참고 견디도록
만든 것은 아닌지 생각해보세요.

OCTOBER

10월

거절을 두려워하지 않고
현명하게 부탁해보는 달

31
MAR

갑자기 아이에게 혼자 하라고 하면서 내버려두는 것이 아니라,
의사 결정에 아이를 참여시켜
작은 일부터 선택해서 행동할 수 있도록 도와주세요.

- 그 행동을 스스로 해냈다면 의미 있는 작은 성공을 축하해주세요.
  "잘했어."
  → "네가 스스로 노력하는 모습을 엄마(아빠)가 볼 수 있어서 참 기뻐."

30
SEP

내 아이를 믿는 만큼 아이의 친구를 편견 없이 바라봐주세요.
마음을 열고 아이 친구도 내 아이처럼 대하고,
가르치는 걸 두려워하지 마세요. 진심은 통합니다.
아이를 대하는 어른의 자세에 따라 아이는 바뀔 수 있습니다.

APRIL

4월

신뢰와 믿음을 주는 말을
연습해보는 달

29
SEP

우리는 모두 함께 살아가는 존재입니다.
아이들도 그렇습니다.
아이들이 같이 놀 때 위험하다고 생각되는 행동을 하면
그 자리에서 바로 사랑을 기반으로 한 가르침을 주는 것,
이것이 어른이 할 일입니다.

1
APR

미안하다고 말할 수 있는 용기를 가지는 것,
그것이 진짜 자존심을 지키는 방법입니다.

28
SEP

어른인 우리가 해야 할 일은
아이들에게 비교, 경쟁, 협박이 아니라
진정한 가르침을 주는 것입니다.

2
APR

어린 시절 부모로부터 받은 상처를
어른이 되어서도 간직하는 경우가 많지요.
우리는 아이들의 마음에
그런 상처를 남겨주지 맙시다.

27
SEP

잘못을 저지른 다른 집 아이를 현명하게 훈육하는
또 다른 방법은 나의 욕구를 아이에게 알려주는 겁니다.
벌을 주기 위한 것이 아니라
그 아이를 도와줄 수 있는 부탁과 가르침을 주는 거지요.
"아줌마(아저씨)가 이렇게 말하는 건
네가 우리 아이랑 잘 지낼 수 있게 도와주고 싶어서 그러는 거야.
다음에도 우리 집에 와서 잘 놀기를 바라기 때문에
이런 말을 하는 거야."라고 말해보세요.

3
APR

관계를 맺을 때 필요한 능력 중 하나는
서로의 잘잘못을 따지기보다
서로가 원하는 것을 조율할 수 있는 능력입니다.

26
SEP

우리 집에 온 아이가
용납하기 힘든 행동을 할 땐 어떻게 해야 할까요?
그럴 때 현명하게 훈육하는 첫 번째 방법은
무턱대고 야단치는 것이 아니라
그 아이를 불러 세워 관찰한 바를 말해주는 겁니다.
나의 생각이 아니라 본 대로, 사실대로 말해주는 거죠.

4
APR

어린 자녀와 갈등이 생겼을 때는
먼저 아이의 욕구가 적절하게 채워질 수 있도록
힘을 쏟으세요.
아이는 아직 엄마, 아빠의 입장을
배려할 수 없으니까요.

25
SEP

내 아이가 아닌 남의 집 아이가 잘못을 저지르면
어떻게 해야 할까요?
'남의 집 아이인데 내가 신경 쓸 필요가 있을까?'
'그냥 다음엔 놀지 말라고 하자.'라는 생각을 할 수도 있지만,
어른인 우리에게는 그 아이에게
현명하게 바른 행동을 알려줄 의무가 있습니다.

5
APR

부모가 자녀의 욕구를 충족시켜주려 애쓸 때
아이들은 자연스럽게 상대를 신뢰하게 되고,
자라면서 상대의 입장을 더 잘 헤아리는 능력을 갖추게 됩니다.

24
SEP

아이들은 크면서 실수도 하고 옳지 않은 행동도 합니다.
그럴 때 잘 가르치면 됩니다.
사실 아이들도 자신의 행동이 옳지 않다는 것을 알면서도
통제하지 못해 그렇게 행동하는 경우가 있으니까요.

6
APR

자신의 실수를 인정하는 것,
자신의 노력에 대해 스스로 칭찬하는 것.
우리의 강점과 취약점을 수용할 때
우리는 아이들에게 믿음을 주는 부모가 됩니다.

23
SEP

아이가 나쁜 말이나 욕을 해서 놀랐나요?

- 너무 죄책감을 갖지 않도록 먼저 아이의 마음을 이해해주세요.
  "어른들도 욕을 할 때가 있고, 엄마(아빠)도 어릴 때 해본 적이 있어."
- 아이가 진짜 말하고 싶어 하는 것을 어떻게 도울 수 있을지 생각해주세요.
  "그 말 대신 화가 났다고 크게 소리를 질러도 좋고, 일단 다른 곳으로 몸을 피해도 좋아."
- 화가 난 이유를 말할 수 있도록 도와주세요.
  "네가 왜 화가 났는지 설명하면 너를 이해할 수 있고, 엄마(아빠)가 널 도와줄 수 있어."

7
APR

최선을 다해도 최고의 부모 같지 않아서
스스로 우울해지고 지치기도 합니다.
이 또한 우리가 부모이기에 느끼는 감정이겠지요.
그러니 기운을 잃지 맙시다.

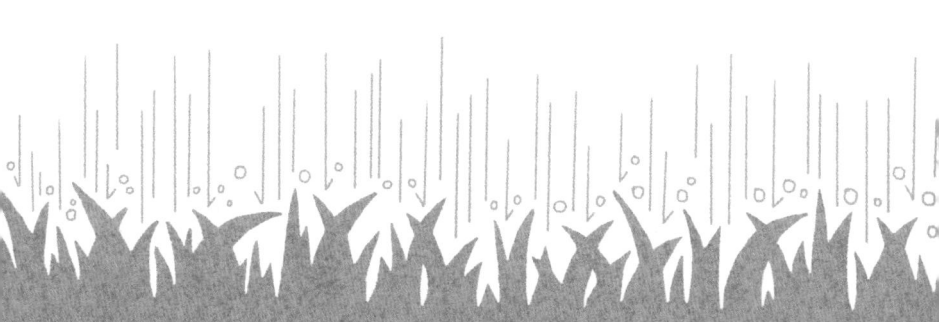

22
SEP

아이가 자라면서 욕을 하는 것도
자연스러운 성장 과정입니다.
욕이 아닌 다른 말로 자신의 감정을 표현할 수 있도록
도와주는 것이 부모가 할 일입니다.

8
APR

어쩔 수 없이 아이와의 약속을 지키지 못해 괴로울 때는
죄책감을 떠나 아이의 마음에 머물러보세요.
아이의 마음은 오로지 자신의 욕구가 좌절돼
슬프고 서운한 것뿐입니다.
엄마, 아빠를 탓하려는 마음이 아니에요.

21
SEP

아이가 습관적으로 나쁜 말을 할 때는
윽박지르거나 비난하는 대신
다르게 말하도록 가르쳐주어야 합니다.

- "네가 욕을 하면 네 마음이 어떤지 알 수도 없고
  알아주고 싶지도 않아. 기분만 나빠지지.
  그러니까 어떻게 다르게 얘기해야 하는지 같이 이야기해볼까?"
- "화가 났어? 그럼 화가 났다고 소리쳐도 돼.
  욕하는 것보다 그게 훨씬 더 이해받을 수 있어."

9
APR

아이와의 약속을 지키지 못했을 때는
먼저 좌절된 아이의 마음을 헤아리고 사과할 필요가 있습니다.
그것이 아이와의 약속을 지키지 못했을 때
부모가 해야 하는 첫 번째 일입니다.

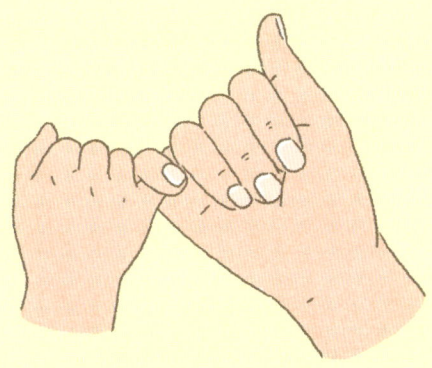

20
SEP

화가 날 때는 욕을 하는 대신 차라리 소리를 크게 내며
"나 지금 화가 많이 나."라고 표현하는 것이 훨씬 좋습니다.
큰소리를 내는 것도 자기 마음을 이해해달라는
호소의 한 방법이니까요.

10
APR

아이와의 약속이 어긋났을 때
"누구 때문이야"라는 말은
아이에게 전혀 도움이 되지 않습니다.
아이의 마음을 헤아리고 사과한 다음에는
아이와 함께할 수 있는 다른 일을 찾아봅니다.

19
SEP

아이가 습관적으로 욕을 한다면
아이가 하는 말이 상대에게 불편함을 주고 상처를 줄 뿐 아니라
문제 해결에 아무 도움이 되지 않는다는 것을
아이에게 정확하게 알려줘야 합니다.
더불어 화가 날 때 어떻게 하면
좋을지 함께 방법을 찾아보면 좋겠습니다.

11
APR

약속을 지키지 못해 아이가 서운해할 때
지금 상황에서 가능한, 아이와 함께할 수 있는
'즐거운 일'을 찾아보세요.
그리고 언제 다음 약속을 지킬 수 있는지에 대해
얘기를 나누면 좋겠습니다.

18
SEP

아이의 욕설을 처음 듣는 순간
부모는 충격에 빠지거나 화를 냅니다.
하지만 "너 지금 뭐라고 했어?"라고 화를 내는 대신
아이가 원하는 것을 찾아가도록 돕다 보면
욕설은 차츰 줄어듭니다.

12
APR

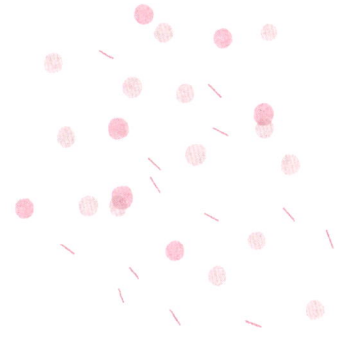

아이를 키우다 보면 지치고 힘들어서
'내 인생은 어디에 있는 거지?'라는
생각이 들 수 있습니다.
부모가 아닌 자신의 삶을
놓치고 있는 기분이 들기도 합니다.
두려워지기도 하죠.
그럴 수 있습니다. 누구나 그럴 수 있습니다.

17
SEP

- 아이의 말이 거짓말 같을 때 물어봅니다.

  "엄마(아빠)가 알고 있는 것과 네 말이 다르네. 그래서 좀 혼란스러운데, 엄마(아빠)가 이해할 수 있게 설명해줄래?"

- 아이에게 솔직하게 말해준 데 대한 고마움을 표현합니다.

  "지금이라도 솔직하게 말해줘서 고맙다. 쉽지 않았을 거야."

- 정직함과 용기를 회복할 수 있도록 도와줍니다.

  "거짓말은 누구나 할 수 있어. 하지만 너 스스로 떳떳하지 못해서 불편하고, 마음속으로 미안할 거야. 또 상대방이 힘들 수 있어. 그래서 용기를 내서 말하는 게 중요해. 엄마(아빠)가 도와줄게."

13
APR

지치고 힘들 때 저는 엄마라는 존재에 대해 생각해봅니다.
세상에 보내진 한 연약한 존재를 돌보는
엄마라는 역할에 대해 말이지요.
고귀한 엄마라는 단어를 떠올리고 조용히 생각해보면,
저 자신이 엄마라는 사실을 받아들이게 됩니다.
엄마 자리에 아빠를 넣어도 마찬가지일 겁니다.

16
SEP

아이들이 정직하게 살 수 있는 힘은,
단 한 번도 거짓말을 하지 않고 크는 것이 아니라
정직함으로 돌아올 수 있는 용기를 키워주는 데서 나옵니다.
아이들이 용기를 갖고 고백하도록 도와주세요.

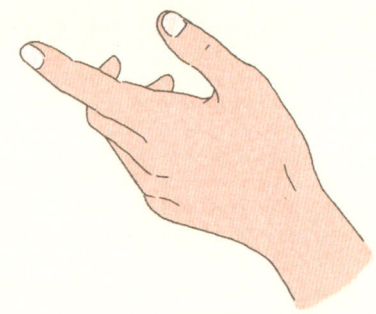

14
APR

아이가 어릴 때는 주변에 도움도 요청하고,
함께 아이를 돌볼 수 있는 사람을 적극적으로 찾으세요.
자신의 몸과 마음의 리듬을 돌보지 못하면
괜히 힘든 자신을 이해하지 못하고 도와주지 않는 사람들에게
서운해지기 마련입니다.

15
SEP

두려울 때는 침묵하지만
편안해지면 고백합니다.

15
APR

아이가 어느 정도 클 때까지는
아이 입장에서 생각해보는 노력이 필요합니다.
그 노력은 분명 헛되지 않습니다.

14
SEP

사람이 지닌 가장 가치 있는 능력 중 하나는
후회할 줄 아는 것입니다.
자신의 과오를 솔직하게 고백하고,
거짓된 행동을 되돌릴 수 있는 능력을 지닌 아이로
성장할 수 있게 지지해주세요.

16
APR

- 약속을 지키지 못했을 때는 아이의 마음에 머물러 생각해보고 사과해주세요.
 "기대했을 텐데 못 하게 되어 정말 미안해."

- 아이와의 약속을 지키지 못했을 때는 대안을 고민해주세요.
 "지금 할 수 있는 다른 일을 생각해보자."

13
SEP

거짓말을 했지만 정직함으로 돌아오는 것.
그것은 용기 있는 선택입니다.

17
APR

책임지기 싫거나 귀찮을 때 부모가 취하는 모호한 태도는
아이의 마음에 혼란과 불신을 낳습니다.
부모가 아이의 가슴에 신뢰를 남길 때
그 아이는 자라서 믿을 만한 어른이 됩니다.

12
SEP

우리가 아이들에게
가르쳐야 하는 것은 무엇일까요?
거짓말을 하면
나쁜 사람이 된다고 말하기보다는,
정직하게 살아가는 것이
얼마나 중요하고
얼마나 뿌듯한 일인지 알려주는 겁니다.

18
APR

어른들이 막연히 하는 '나중에'라는 말이
어떤 아이에게는 불신의 상처로 남을 수 있습니다.

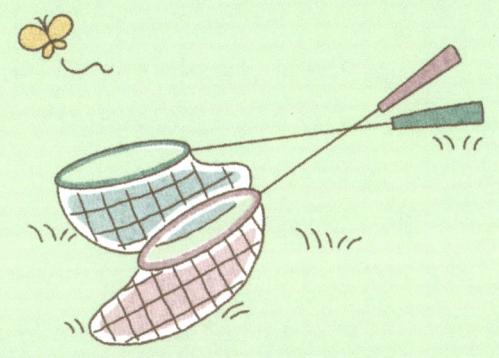

11
SEP

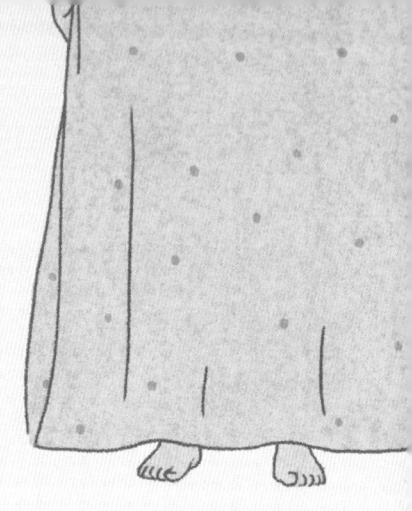

때로 아이들은 뻔히 걸릴 거짓말을 합니다.
불안해서, 자기를 보호하고 싶어서, 때론 장난으로도 하지요.
거짓말은 옳지 않다는 생각에
불안해하고 걱정하기보다는
아이 스스로 고백할 수 있도록 이끌어주세요.

19
APR

부모와 자식은 신용의 관계가 아닌 신뢰의 관계입니다.
부모는 자식을 낳아서 양육하는 동안
꼭 자신의 아이를 믿어야 합니다.

10
SEP

아이들에겐 정직하게 살아야 한다고 가르치면서
어른들은 가끔 거짓말하는 모습을 보입니다.
우리 아이들이 그 모습을 보며 자란다는 걸 기억하세요.

때로 아이들은 부모를 속이고 거짓말도 합니다.
걱정되고 불안하고 화도 나겠지만
부모니까 내 아이니까
가슴이 아파도 용서하고 사랑하며 믿어줍시다.

9
SEP

조금 큰 아이가 다른 사람의 물건을
가져오는 등의 행동을 한다면
그 행위를 합리화할 수는 없지만
정서적으로 이해해줄 필요는 있습니다.
옳지 않은 행동을 용인해주라는 게 아니라
왜 그런 행동을 했는지 공감해주는 것도 필요합니다.

21
APR

부모는 아이가 잘못을 해도 "죄송해요."라는
한마디에 괘씸했던 마음이 눈처럼 녹아내립니다.
무조건 내 아이를 믿어주는 '신뢰'라는 마음은
부모가 자식에게 주는 선물이자 성숙한 사랑입니다.

8
SEP

아이들은 수치심과 두려움이 아니라
생각할 수 있는 기회를 통해 건강하고 바르게 성장합니다.

22
APR

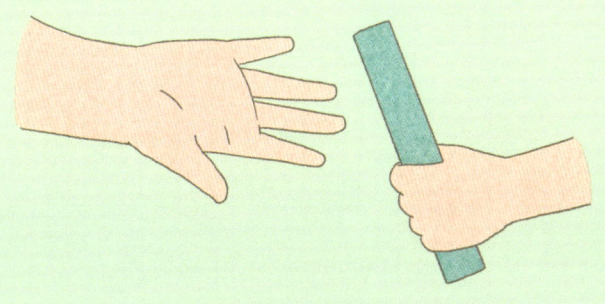

아이들은 부모를 통해
사람과 관계에 대한 신뢰를 배웁니다.
아이의 마음에 신뢰를 심어주는 말과 행동이 먼저입니다.

7
SEP

어떤 경우라도 우리의 목적은
'아이에게 옳은 방식 알려주기'라는 것을 기억해야 합니다.
아이가 몰라서 잘못한 경우,
어른의 기준으로 판단하지 말고
'나의 것, 남의 것의 개념'을 알려줄 수 있는 기회라고
생각하면 어떨까요.

23
APR

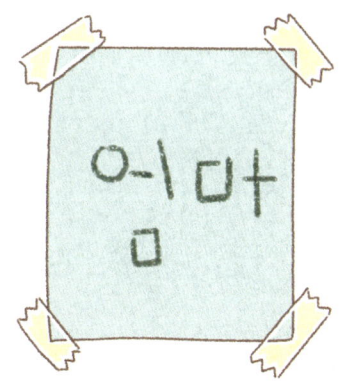

어린아이들은 엄마가 사라져도 금방
다시 돌아온다는 것을 압니다, 믿습니다.
엄마가 눈에 보이지 않아도 존재한다는 것을 알지요.
그러니까 부모가 아이에게 가장 먼저 해야 할 일은
믿음을 주는 일입니다.

6
SEP

혹시 아이가 자신의 것이 아닌 물건을 갖고 있다면
아이와 눈을 맞추고 차분히 어떻게 된 일인지 물어보세요.
아이의 말을 충분히 경청한 후
다른 사람의 물건은 그 사람의 동의를 얻은 뒤
가지고 오는 거라고 알려주세요.
그런 다음 그것이 누군가에겐 소중하고
중요한 물건일 수 있다는 것도 알려주세요.

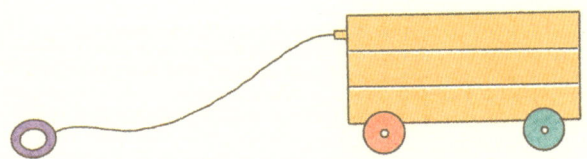

24
APR

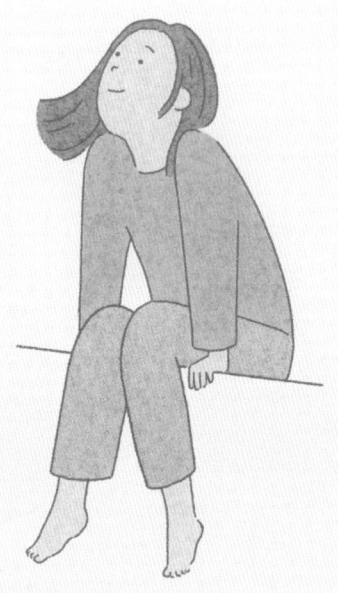

부모가 되는 데는 책임이 따르고,
그 책임을 이수하는 과정을 통해 부모도 성장합니다.
그래서 우리는 때로 그 과정이 어렵더라도
노력할 필요가 있습니다.

5
SEP

아이가 옳지 못한 행동을 했을 때
바로 해결할 수 있는 상황과
바로 해결하기 어려운 상황이 있기 마련입니다.
어떤 상황이든 아이를 가르치겠다며
너무 다그치거나 죄인으로 만들지는 마세요.

25
APR

아이들은 세상의 전부인 부모의 말을 믿고 기다립니다.
때로 그 기다림이 길게 느껴져 슬프고 화가 나더라도,
기다림의 끝이 언제인지를 명확히 알 때와 모를 때의
마음가짐은 엄연히 다릅니다.

4
SEP

아이가 옳지 못한 행동을 했을 때는
옳은 것이 무엇인지 생각해
부모가 행동으로 보여주는 과정이 필요합니다.

26
APR

아이의 신뢰를 얻으려면 어떻게 말해야 할까요?
아이의 말(요구)에 응할 것인지 거절할 것인지를 선택하고,
No를 해야 할 땐
명확하게 "No"라고 해야 합니다.
이때 중요한 것은 "No"의 이유가 분명해야 한다는 점입니다.

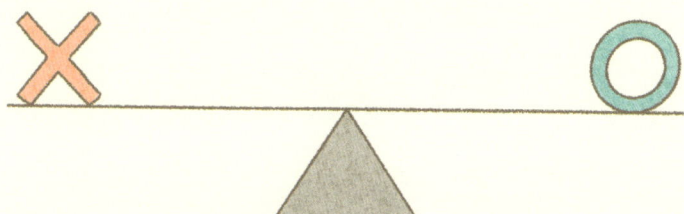

3
SEP

아이가 남의 물건을 가져오면 먼저 아이에게
'이건 네 것이 아니고 주인이 있다.'는 것을 알려주세요.
아이가 울겠지만, 그래도 돌려줘야 한다는 걸 알려줍니다.
처벌 때문이 아니라 옳은 방식으로
서로의 물건을 잘 지킬 수 있도록,
남의 물건을 잘 돌려줄 수 있도록 가르치는 게 중요합니다.

27
APR

아이의 요구를 지금 들어주기 곤란한가요?
아이의 부탁을 들어주기 어렵다면 분명히 안 된다는 뜻을
전하고, 구체적으로 언제 요구를 들어줄 수 있는지 알려주세요.
그리고 그 약속은 꼭 지켜야 합니다.
아이들은 부모의 말과 행동을 통해
신용과 신뢰를 배우기 때문입니다.

2
SEP

아이를 키우다 보면 남의 물건을 가져와 당황할 때가 있습니다.
이때 너무 화를 내거나 지나치게 불안해하진 마세요.
어른이 다그치거나 과도하게 반응하면
아이는 본능적으로 숨기기 때문입니다.
편안할 때 잘못을 고백하고, 바로잡을 수 있습니다.

28
APR

아이와 대화할 때는 "Yes"라면 구체적으로 언제인지,
그리고 "Yes"의 조건이 있다면
그것이 무엇인지 말해줘야 합니다.

1
SEP

누구나 실수는 할 수 있어요.
중요한 건 실수를 바로잡는 힘입니다.
그것을 가르쳐주세요.

29
APR

순간을 모면하기 위해서 "나중에."라고 말하는 대신
일관성 있고 명확하게 이야기하는 것이 효율적입니다.

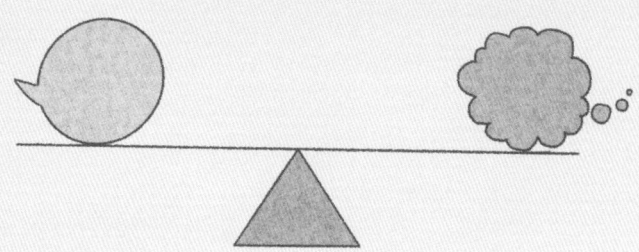

SEPTEMBER
9월

아이의 실수를 바로잡고
성장할 수 있게 도와주는 달

30
APR

아이가 자꾸 떼를 쓰거나 무언가를 요구할 때
그 요구에 "Yes"를 할지 "No"를 할지 선택해주세요.

• 선택의 이유를 아이에게 구체적으로 설명해주세요.

31
AUG

- '부탁 = 욕구 + 행동으로 말하기'를 연습해보세요.

엄마는 도움이 필요해.

→ 엄마가 도움을 받고 싶은데(욕구), 저녁 준비할 때 가족 수대로 숟가락과 젓가락을 식탁 위에 놔줄 수 있을까?

그리고 먹은 그릇이랑 수저는 설거지통에 넣어주면 좋겠는데, 어때?(행동)

MAY

5월

고마운 마음 마음껏
표현해보는 달

30
AUG

관계의 기적은 나의 욕구를 표현하는 데서 시작됩니다.
"누구 때문에?"가 아닌 "무엇 때문에!"를 표현하세요.
부모가 자신의 감정의 원인인 욕구를 파악하면
최소한 아이를 탓하지 않으면서 자신이 원하는 것을
표현하는 능력을 회복할 수 있습니다.

1

MAY

정말 감사하다면 꼭,
마음에서 올라오는 고마움을
상대에게 표현해주세요.

29
AUG

내가 원하는 것의 다른 이름을
'욕구'라고 하겠습니다.
감정이 올라오는 이유는
자신이 원하는 '욕구'가 있기 때문입니다.

2
MAY

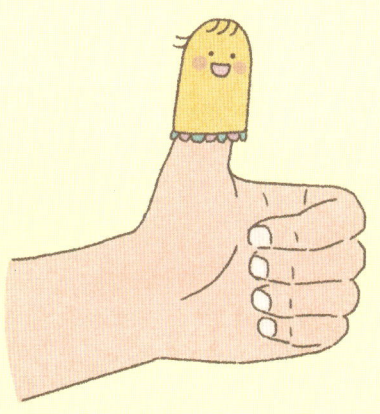

늘 아이를 존중하고 감사하는 마음을 가지면
아이도 충분히 그 마음을 느낍니다.
그리고 마음이 건강한 어른으로 자랍니다.

28
AUG

감정의 신호에 세심하게 귀를 기울이세요.
그래야만 감정이 생기는 원인을
정확히 찾을 수 있습니다.

3
MAY

화가 나는 순간 대화를 잘하려고 하면
그 노력은 종종 실패로 끝나고 맙니다.
평소에 대화 훈련을 해야 하는 이유입니다.

27
AUG

만약 행복한 감정을 느낀다면
삶에 필요한 어떤 것이 충족되었다는 신호이며,
불행한 감정을 느낀다면
삶에 필요한 어떤 것이 아직 채워지지 않았다는
신호일 뿐이라는 것을 기억하면 좋겠습니다.

4
MAY

대화를 연습한다고 전혀 화를 안 낼 수는 없습니다.
그러나 대화를 연습하다 보면 화가 올라와도
거칠게 바로 화를 내는 빈도가 낮아지고,
명확하게 원하는 말을 하는 빈도가 높아집니다.

26
AUG

관찰 능력이 뛰어나다고 하여
판단이나 평가를 하지 않는 것은 아닙니다.
다만 우리가 하는 것이 판단인지 관찰인지를
구별하는 능력이 키워집니다.

5
MAY

화를 제대로 표현하는 훈련을 꾸준히 하는 것도 중요하지만,
무엇보다 평소에 감사하는 연습이 필요합니다.

25
AUG

부모라면 최소한 아이의 행동이나 말을
마음대로 평가하면서
그것을 진실이라고
믿지는 않았으면 좋겠습니다.

6
MAY

감사를 표현하는 연습을 자주 하면
첫째, 개인적 삶이 만족스럽고 행복해지고
둘째, 화가 날 때도 평소와 비슷하게 대화가 가능하며
셋째, 화가 올라오는 순간이 줄어듭니다.

24
AUG

사랑하는 자녀와 대화를 하는 동안만이라도
자신의 판단을 잠시 거두고 본 그대로,
들은 그대로를 상기할 필요가 있습니다.
이것이 대화의 시작입니다.
성공적인 속대화는 바로 그 관찰하는 능력에서 시작되니까요.

7
MAY

"지금 이 순간이 당신의 마지막 시간 같습니다."
응급구조대원으로부터 이 말을 들은 사람들은
곧이어 사랑하는 사람에게 미안하다는 말과
사랑한다는 말을 했다고 합니다.

23
AUG

도움이 되는 속대화,
좀 더 진실에 가까운 대화를 하기 위해서는
겉으로 드러난 모습만 보고 판단하는 것이 아니라
있는 그대로 보는 능력이자 들은 그대로 반영하는 능력,
즉 관찰하는 능력이 필요합니다.

8
MAY

오늘이 내 생의 마지막이라면,
나는 누가 가장 먼저 생각날까요?
무슨 말을 하고 싶나요?

22
AUG

- 하루에 한 번씩 아이의 눈을 보며 안아주고
  따뜻한 목소리로 "사랑해."라고 말하고 체크해보세요.
  한 주 동안 얼마나 했나요?

- "엄마가 네 마음을 알 것 같아.",
  "네 입장에서는 그렇게 생각할 수 있었겠다."라고
  인정하는 말을 해주고
  한 주 동안 얼마나 했는지 체크해보세요.

9

MAY

대화 훈련에 참여한 한 남성은
"지금이 내 생의 마지막이라면 저는
우리 딸이 생각날 것 같습니다. 참 사랑스럽거든요."
라고 말했습니다.

21
AUG

아이와 관계를 맺어나갈 때 중요한 법칙은
아이를 인정하는 태도를
기르고 그런 말을 자주 해주는 것입니다.
하던 일을 잠깐 멈추고 꼭 안아주며
"사랑해. 이게 엄마 마음이야. 알겠어?"
이 정도면 됩니다.

10

MAY

"퇴근하고 현관문을 열자 딸이 맨발로 뛰어왔습니다.
제 다리를 끌어안고 얼굴을 비비면서 활짝 웃었어요.
폴짝 뛰어 저에게 안기며
'보고 싶었어, 아빠.'라고 말했습니다.
딸이 너무 사랑스럽고, 저를 반겨주는 딸이 고마웠습니다."

20
AUG

아이에게 말을 할 때 '좋다', '나쁘다'보다는
내가 지금 한 말이
'우리에게 도움이 되는가, 도움이 되지 않는가.
그래서 앞으로는 어떻게 하면 도움이 될 수 있을까?'를
생각해봅시다.

11
MAY

평소에는 표현하지 않았지만
조금만 시간을 주면 우리도
사랑하는 아이에게 칭찬의 말을 할 수 있습니다.

19
AUG

지금까지 내가 아이에게 해온 말은
서로에게 도움이 되는 방식이었나요,
도움이 되지 않는 방식이었나요?

12
MAY

감사하고 싶고 칭찬하고 싶다면
본 대로, 들은 대로, 관찰하고 묘사해보세요.
그것이 진실한 표현입니다.

18
AUG

평소 아이들에게 진심을 담아 인정해주는 말을 하면
아이들이 가끔 부모에게 서운함을 느끼더라도
회복하기 쉬워집니다.
아이도 부모의 노력을 가슴에 담아두니까요.

13
MAY

관찰은 구체적일수록 좋습니다.
내가 관찰한 바를 묘사하면
듣는 사람 머릿속에도 그림이 그려져 상대도
그 말을 납득하고 함께 감동을 느낍니다.

17
AUG

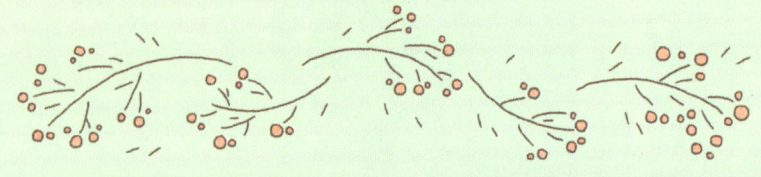

아이를 인정하는 말을 할 때 부모가 주의해야 할 점은
단서를 붙이지 않는 것입니다.
"고맙다. 그 마음은 알겠는데 그건 너무했잖아."
이런 식으로 대화를 시작하면 안 됩니다.
"너한테 힘든 일인데 이렇게 해줘서 고마워."
여기까지만 하는 거지요.

14
MAY

기억 속에 있는 행복했던 사건을 떠올려
그것을 있는 그대로 묘사하다 보면
자연스럽게 상대에게 고마운 마음을 느낍니다.

16
AUG

관계를 급하게 쌓으려 하지 마세요.
'여태까지 배웠지만 망했어.'가 아니라
'항상 잘해주고 싶은데 그게 되지 않았구나.
지금부터 최소한 다섯 번은 진정성을 가지고
아이에게 더 다가가려고 노력해야겠다.'라고
생각하며 기운을 내면 됩니다.

15
MAY

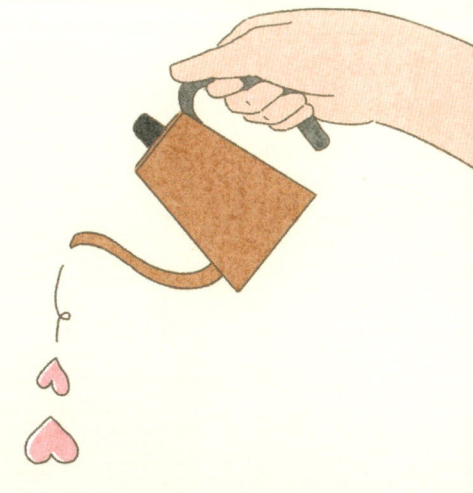

"'엄마, 힘들었어? 내가 안아줄까?'
라는 말을 했을 때 엄마는 정말 행복했어."
이렇게 아이의 행동을 묘사해서 말해보세요.
아이는 자신의 행동이 엄마의 행복에
기여한 의미를 깨닫게 될 거예요.

15
AUG

잘 저축되어 있는 관계의 통장은
우리가 때로 아이에게
후회할 행동을 할 수 있는 존재라는 걸 인정하면서
<u>스스로에게 여유를 주는</u> 역할을 합니다.

16
MAY

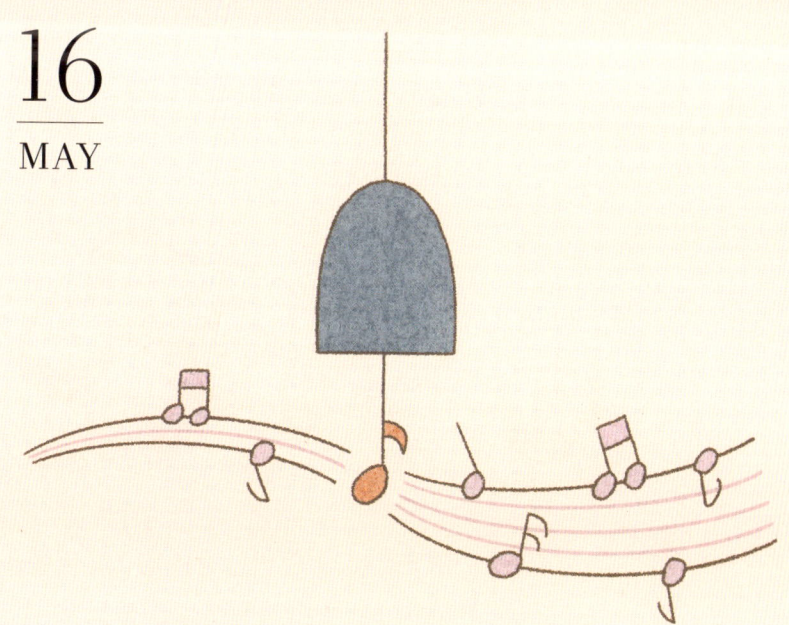

우리는 누구나 의미 있는 존재가 되고 싶어 합니다.
아이들도 그렇습니다.

14
AUG

인정해주는 말 5, 비난하는 말 1의 비율을
아이와의 관계에 적용해보면 좋겠습니다.
평소에 아이에게 인정하는 말을 많이 해두는 거죠.
가끔 미숙하고 급할 때면 아이에게
소리를 지르고 화를 내기도 하지요.
그럴 때 그동안 쌓아둔
'인정'이라는 이름의 관계 저축이 빛을 발할 것입니다.

17
MAY

아이들은 언제나 부모를 향해 마음을 열어놓지요.
부모를 기쁘게 해주고 싶고
의미 있는 존재가 되고 싶기 때문입니다.

13
AUG

통장에 잔고가 있으면 흔들리지 않고 불안하지 않지요.
아이들과의 관계에서도 평소에 관계 통장에 틈나는 대로
저축을 하는 것이 중요합니다.

18
MAY

부모의 감사 표현은 아이들에게
자신의 행동이 엄마, 아빠에게 의미가 있고,
자신이 부모의 행복에 영향을 주었다는 것을
알려주는 계기가 됩니다.

12
AUG

속대화를 연습해봅시다. 매일 하나씩 사례를 적고 써보세요.

[상황]
- 아이가 숙제를 안 하고 싶다고 할 때 마음속에서 뭐라고 대화를 하나요?
  마음속에서 올라오는 '아이와 나에게 도움이 되지 않는 습관적인 속대화'를 빠짐없이 적어보세요.
  커서 뭐가 되려고 저러지? / 선생님한테 야단맞으면 자존감이 약해질 거야.
- 마음속에서 올라오는 '아이와 나에게 도움이 되는 의식적인 속대화'를 빠짐없이 적어보세요.
  숙제를 못 하는 이유가 뭘까? / 어떻게 도와주면 숙제를 할 수 있을까?

19
MAY

칭찬에는 "잘했어."가 따라오지만,
감사에는 "고마워."가 따라옵니다.

11
AUG

우리의 새로운 삶을 위해,
그리고 더 건강하고 더 행복하게 자랄 권리가 있는
우리 아이들을 위해 속대화를 연습해봅시다!

20
MAY

감사하다면 생각만 하지 말고
직접 표현해주세요.
적당한 때를 기다리면
놓칠지 모릅니다.

10
AUG

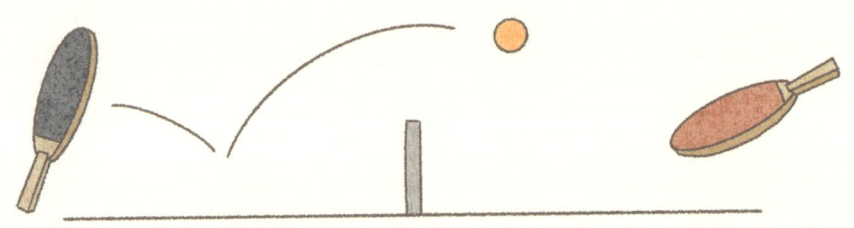

아이들과 대화할 때 속대화를 먼저 정돈한 뒤 말을 하면
실수가 줄어들어 아이들도 행복하고,
무엇보다 그렇게 말하는 자신이 즐겁습니다.
이것이 우리가 대화 연습을 잘해야 하는 이유입니다.

21
MAY

오늘이 나의 마지막 날이라면
아이에게 어떤 말과 행동을 하게 될까요?

9
AUG

대화란 겉으로 주고받는 말만이 아닙니다.
속대화에 따라 겉대화의 질이 달라지고,
관계가 결정된다 할 수 있습니다.

22
MAY

소중한 오늘 하루를 후회 없이 사는 연습은 중요합니다.
이때 가장 필요한 것이 감사입니다.

8
AUG

'속대화 - 자기 자신과 나누는 대화'는
침묵으로 이루어지는 자기 혼자만의 대화 방법입니다.
우리가 어떤 사건에 대해 객관적으로 의식하고,
선택적으로 '겉대화 - 상대방과 나누는 대화'를 할 수 있게 해주는
자기 공감 대화 방법이라고 할 수 있습니다.

23
MAY

목이 마른 순간 아이가 물을 떠다 주면
"이렇게 물을 갖다 줘서 진짜 고마워.
마침 목이 말랐는데 네 덕분에 정말 시원해."
이 한마디를 해주는 거예요.
'우리 딸(아들) 잘 키웠네.' 하고 혼자 속으로 생각할 게 아니라
아이의 행동을 관심 있게 보고 자세히 표현할 필요가 있습니다.

7
AUG

지난 관계가 후회되고 바꾸고 싶다면
잠시 눈을 감은 채 심호흡을 해보세요.
떠오르는 생각을 멈춘 채
그저 호흡에만 집중하는 겁니다.
그다음 자기 자신과 속대화를 시도해보세요.

24
MAY

잘 생각해보면
아침에 나갔던 아이가
무사히 다시 돌아오는 것은
삶의 기적입니다.

6
AUG

아이와 어떻게 관계를 맺어가면 좋을까요?
어떻게 해야 그동안 아이가 받은 상처가 회복될까요?

25
MAY

당연하게 여기면 감사할 일이 없지만

하나씩 민감하게 생각해보면 모든 것이 기적처럼 고맙지요.

5
AUG

때로는 슬펐고, 때로는 불안했고,
때로는 화가 났던 모든 날이
우리가 살아 있는 인간이기 때문에 자연스럽게 올라오는
감정 때문이라는 것을 받아들여 보세요.
이런 감정의 흔들림은
우리 아이에게도 오간다는 것을 알면,
관계가 조금 편안해집니다.

26
MAY

감사를 표현하는 것도 훈련이 필요합니다.
일일이 말하는 게 부끄럽기도 하지만
부모가 보고 들은 대로 아이에게 묘사해주고 고마워하면 됩니다.
그러면 아이의 마음에 훨씬 깊이 닿을 수 있습니다.

4
AUG

세상에 완벽한 부모는 없습니다.
우리 모두 그걸 알고 있지요.
우리가 할 수 있는 것은
최고의 부모가 되겠다는 생각이 아니라
최선을 다하는 부모가 되겠다는 다짐이 아닐까요.

27
MAY

내 아이가 집에서만이라도
평가에서 벗어나 쉬게 해주고 싶은 게
모든 엄마, 아빠의 마음일 겁니다.
아이가 오기 전,
그런 휴식 같은 엄마, 아빠가 되고 싶다고
한 번 더 다짐해보면 어떨까요.

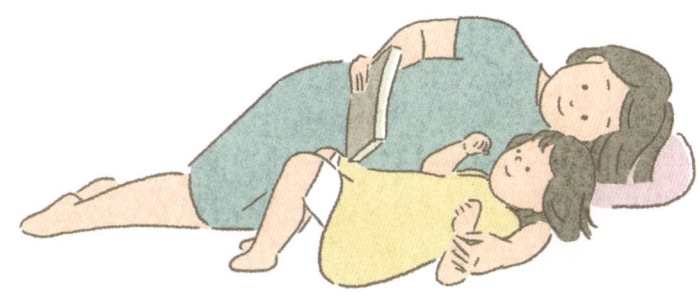

3
AUG

부모가 죄책감을 넘어서서 아이에게 할 수 있는 것은 무엇일까요?
미안한 건 미안하다 말하고
아이를 위해 할 수 있는 게 무엇인지 고민해야 합니다.
이 두 가지를 구별하지 못하고 알 수 없는 죄책감에 시달리면
의무감이 생기거나 저항감이 올라옵니다.
그건 서로의 관계와 대화에 전혀 도움이 되지 않습니다.

28
MAY

아이가 집에 돌아왔을 때
잘했는지 못했는지 궁금해하지 말고,
오늘도 무사히 집에 온 아이를 꼭 안아주세요.

2
AUG

누구나 부모가 되는 순간 아이들에게
세상의 최고를 주고 싶어 합니다.
그런데 우리는 경제적으로도 부족하고
성품도 완벽하지 않지요. 그래서 늘 미안합니다.

29
MAY

당연하다고 여겼던 일이 당연한 게 아니라는 사실을 깨달으면
진심으로 감사할 수 있게 됩니다.
지금 당신 옆에 있는 아이가 바로 그런 존재입니다.

1
AUG

부모로 살아가면서
자녀에게 미안하지 않을 수 있을까요?
그런 사람은 아마 없을 겁니다.

30
MAY

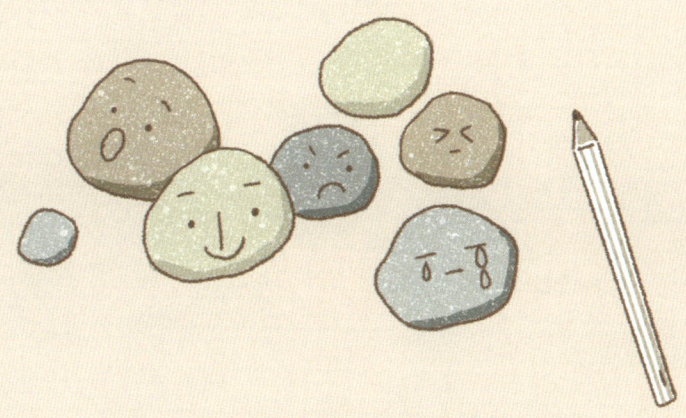

조금이라도 덜 후회하는 삶을 살고 싶나요?
내 옆에 있는 기적 같은 아이를 있는 그대로 관찰하고,
뭉클하고 고마운 그 마음에 잠시 머물러보세요.

AUGUST

8월

관계의 기적을 위해
있는 그대로 관찰해보는 달

31
MAY

하루를 평온하게 마무리하는 연습을 해봅시다.

- 하루 일과를 다 마친 후 가장 편안한 혼자만의 장소로 갑니다.
- 오늘 하루 중 '작더라도 만족스러웠던 사건 하나'를 생각해봅니다.
- 그 사건 묘사를 떠올릴 때 자신의 감정이 어땠는지 느낌으로 표현해보세요.

  나는 행복했어. 아주 소소한 행복감이었고 마음이 따스했어.
- 다음 날 아이에게 내 감정을 얘기해보세요.

  이때 아이가 알아들을 수 있는 쉬운 표현으로 바꿔서 말해주세요.

31
JUL

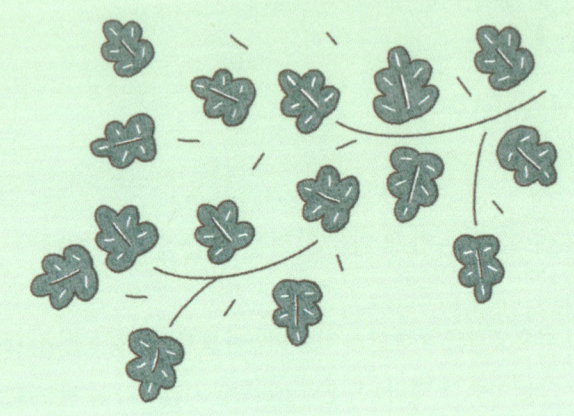

- 화가 날 때 나에게 말해주세요.

"내가 원하는 게 잘되지 않아서 불편하구나."

- 미안해질 때 나에게 말해주세요.

"내가 우리 아이에게 더 잘해주고 싶구나."

이렇게 나 자신에게 말하는 시간을 가짐으로써

나의 화(죄책감)가 말해주는 신호를 알아차려야 합니다.

JUNE

6월

다른 아이가 아닌
내 아이의 성장을 알아봐주는 달

30
JUL

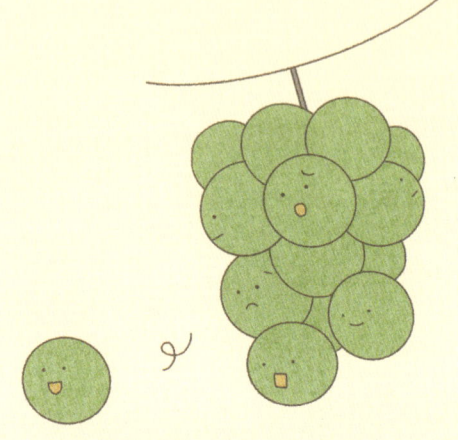

많은 부모가 가끔 과거로 돌아가고 싶다는 생각을 합니다.
그때로 돌아가면 정말
'지혜로운' 엄마, 아빠가 될 수 있을 것도 같습니다.
하지만 시간은 그것을 허락하지 않지요.
그러니 죄책감에 빠지지 마세요.
지금부터 내 화를 알아차리고,
아이를 객관적으로 바라보는 연습을 시작하면 됩니다.

1
JUN

아이의 개성과 다양성을 존중하는 관계야말로
아이의 삶을 살리고 행복하게 만드는 명약입니다.

29
JUL

어떤 화는
화가 아니라 걱정의 다른 이름입니다.
아이가 잘하도록 돕고 싶었고,
아이가 건강하게 성장하길 바랐기 때문이죠.

2
JUN

비교하는 것에서
좋아하는 것으로 관점을 전환하면
아이의 대답에서 활기와 웃음을
발견할 수 있습니다.
아이에게 "뭘 잘하니?"가 아니라
"뭘 좋아하니?"라고 물어봐 주세요.

28
JUL

아이들은 우리가 어렸을 때 그랬던 것처럼
실수하며 크고 경험하면서 배워가는 존재이고,
그것이 아이들의 권리이기도 합니다.

3
JUN

부모가 아이에 대해 불안함을 느끼는 가장 큰 이유는
아이의 미래가 어떨지 예측하기 어렵기 때문일 겁니다.
아이에겐 자유롭게 자신의 미래를 탐색할 권리가 있습니다.
내 마음의 불안을 아이에게 전가하지 마세요.

27
JUL

자신에게 먼저 너그러워져
옳다고 믿는 것에 대해 유연해지면
아이에게도 더 너그러워지고 화를 덜 내게 됩니다.
옳다는 신념에서 조금만 자유로워질 수 있다면
자기 감정을 좀 더 잘 이해하고
수용할 수 있습니다.

4
JUN

아이를 생각하면 괜히 불안한가요?
내 아이가 어떤 삶을 살기를 바라나요?
당연히 행복하기를 바라겠지요.
그렇다면 아이가 무엇을 할지보다 중요한 것이 있습니다.
그것을 대하는 태도와 마음입니다.
아이가 좋아하는 일을 함께 찾아보세요.

26
JUL

화를 잘 다루기 위해서는
옳다고 믿는 생각에서 자유로워져야 합니다.
우리는 자신에게 좀 너그러워질 필요가 있습니다.

5
JUN

우리는 언제부터인가
행복에도 비결이 있고 정답이 있어서
'누구처럼' 살면 행복할 거라 믿게 된 것 같습니다.
그 '누구처럼' 하라고, 때로는 '누구'라는 대상이 없어도
'당위성'이라는 이름으로
스스로를, 그리고 아이를 압박하고 있진 않나요?

25
JUL

화는
- 간절히 원하는 게 안 되고 있다는 신호
- 화의 원인을 상대방 때문이라고 믿겠다는 신호
- 이제 곧 후회할 말과 행동을 하겠다는 신호

그리고 우리에게 중요한 게 무엇인지를
강력히 알려주는 신호이기도 합니다.

6
JUN

남과의 비교 때문에
우리 아이가
다 크기도 전에 싹부터 잘라버리는,
그런 부모는 되지 않았으면 좋겠습니다.

24
JUL

화라는 감정을 충분히 다룰 수 있음을 깨닫고 나면
아이에게 순간적으로 화를 내는 일이 줄어들 거예요.
시간이 지나면 다시 그런 일을 반복할 수 있지만
자신의 상태를 알아차린 것만으로도 희망은 있습니다.
화는 우리가 다룰 수 있는 소중한 감정이라는 걸 잊지 마세요.

7
JUN

아이들은 성장 속도가 각기 다르다는 사실을 기억해야 합니다.
아이들은 저마다 기질과 타고난 특성이 있고,
사회적 조건과 가정 형편, 성격도 다르기 때문입니다.

23
JUL

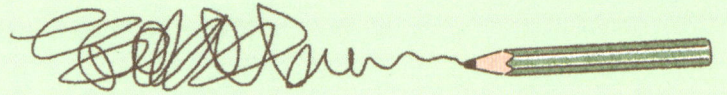

우리에게는 화를 통제할 수 있는 능력이 있습니다.
'난 화를 참을 수 없어.'라고 생각하지만
사실은 참기 싫었던 거죠.
그리고 참지 않아도 되는 대상에게
마구 폭발하기도 했을 겁니다.
이 사실만 깨달아도 많은 것이 달라질 수 있습니다.

8
JUN

내 아이가 다른 아이보다 잘하면
부모로서 기분이 좋은 것은 당연합니다.
하지만 다른 아이들과의 비교가 아닌
내 아이의 성장에 초점을 맞추면,
일의 결과가 아니라 과정이 주는 기쁨을 알게 됩니다.

22
JUL

화를 내는 자신을 인식한 다음,
화를 다루는 방식을 바꿔봅시다.
예전에는 자신과 화라는 감정을 동일시하고
화의 원인을 상대에게 두었다면,
이제 자신과 화라는 감정을 분리하고
화라는 감정을
몸 안 어딘가에 가지고 있다는 것을 정확히 보는 것이지요.

9
JUN

하늘을 보면 얼마나 별이 다양하고 예쁜가요.
별이 하나만 떠 있다면 너무 외롭지 않을까요?
아이들은 각자 수많은 별 속에 서 있는 주인공입니다.

21
JUL

화가 나는 순간의 생각이 다른 방식으로 변화되면
말과 행동이 많이 달라질 수 있습니다.
내가 화를 내고 있다는 것을 인식해보세요.
'그래, 나 화났어.
나는 지금 화라는 감정을 가지고 있어.'

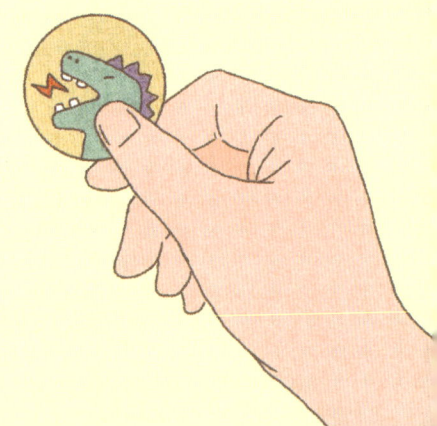

10
JUN

내 아이의 성장 기준은 다른 아이들이 아니라
철저하게 어제의 내 아이여야 한다는 것을 기억하면 좋겠습니다.

20
JUL

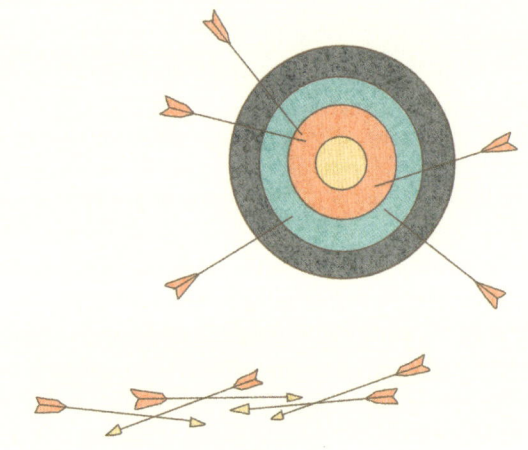

진짜 문제는
스스로 통제할 수 없다고 생각하며
더 화를 내는 것입니다.
실은 화를 참고 싶지 않은 게 아닐까요.

11
JUN

아이들은 그 존재 자체로 아름다운 것이지
다른 아이보다 덜 예쁘고 더 예쁜 게 아닙니다.
별은 그냥 별 자체로 아름다울 뿐
다른 별보다 아름다운 게 아니니까요.

19
JUL

화를 참을 수 없다고 생각하지만
사람이 많은 곳에서는 화를 잘 통제합니다.
하지만 아이와 둘이 있을 때는 통제하지 않지요.
아이는 부모보다 상대적으로 약한 존재,
힘이 없는 존재니까요.
아이와 둘이 있을 때와 다른 사람과 함께 있을 때
다르게 행동한 적은 없었는지 생각해볼까요?

12
JUN

비교하고 싶다면 철저하게
내 아이의 전before과 후after를 비교하면서
앞으로 더 잘할 수 있도록 도와줘야 합니다.

18
JUL

누군가에게 화를 냈던 날들을 떠올려보세요.
화나게 만드는 대상은 누구였고, 어떤 상황이었나요?
그 사람과는 어떤 관계였나요?
둘 사이에 보이지 않는 힘은 누구에게 더 있었나요?
그 사람이 나보다 힘이 없는 사람이었을 때와
나보다 힘이 있는 사람일 때
어떤 차이를 경험했나요?

13
JUN

비교 대신 옳은 것, 중요한 것을 가르치려고 마음먹었다면
오늘은 우선 있는 그대로의 모습을 존중하는 태도로
아이를 맞이해보세요.

17
JUL

부모인 우리를 무너뜨리는 첫 번째 감정은 화입니다.
화를 쏟아낸 후 죄책감을 느끼고,
그 죄책감은 관계가 멀어지면 어쩌나 하는 두려움과 불안,
자책과 우울로 이어지며, 그런 우울한 마음은
관계에 영향을 주고 수치심과 열등감을 느끼게 합니다.

14
JUN

부모가 매일 실수하는 자신을 볼 수 있으면
아이의 실수에도 좀 더 너그러울 수 있습니다.

16
JUL

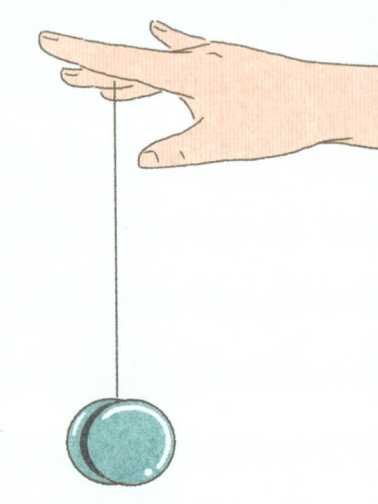

부모가 되고 나서 가끔
내 안에 이런 형편없는 모습이 있었나,
나에게 이런 용기가 있었나,
내가 이런 사람이었나 하는 놀라움을 느낍니다.
이때 느끼는 여러 가지 감정은
아이와 가까워지게도 하고 멀어지게도 합니다.

15
JUN

남의 집 아이에게는 너그러우면서
내 아이가 못마땅한 행동을 하거나 실수를 반복하면,
누구보다 아이를 사랑하면서도
가장 폭력적이고 미숙한 방식으로 아이를 야단칩니다.
어른들의 대처 방식이
아이의 성장에 너무나 큰 영향을 미친다는 것을
부모들이 알았으면 좋겠습니다.

15
JUL

부모로부터 자신이 받고 싶었던 사랑의 방식을 떠올려보세요.

- 그게 좌절되었을 때 자신의 마음이 어땠는지 느껴보세요.
- 어떤 감정이든 허용하는 마음으로 위로해주세요.
- 자신이 받고 싶었던 사랑의 행위를 스스로에게 오늘 꼭 하나라도 해주세요.

16
JUN

부모가 아이의 실수에 대해 화를 내고 윽박지르면,
아이는 저항감만이 아니라 두려움과 불안을 느낍니다.
두렵고 무서우면 목소리가 작아지고 행동이 움츠러들고
눈치를 보며, 새로운 어떤 행동이나 도전으로부터 멀어집니다.

14
JUL

너무 늦게 사랑을 알았다고 슬퍼하지 마세요.
지금부터 시작하면 됩니다.

17
JUN

실수에 대처하는 방식에 따라
창의적인 아이 또는 두려움 때문에
익숙한 것에 머무는 아이가 될 수 있습니다.

13
JUL

어릴 때 당신은 어떤 부모를 바랐나요?
그 모습을 기억해야 내 아이를 다르게 대할 수 있고,
지나가면 다시 오지 않을 내 아이의 어린 시절을
어떻게 채워줘야 하는지 알게 됩니다.

18
JUN

아이들은 실수하면서 배워가는 존재입니다.
혹시 어른에게는 쉬운 일이기 때문에
"너는 왜 이렇게 조심성이 없니!"라고
야단친 적은 없는지 생각해보세요.
앞으로는 "실수하며 배우는 거야. 괜찮아."라고 말해주세요.

12
JUL

아이를 키우는 '좋은 환경'은 숫자로 드러나지 않습니다.
다만 아이가 보호자와의 관계에서
'이런 게 사랑이구나.'라고 느끼고 경험할 수 있어야 합니다.
사랑을 주어야 한다는 정답을 알면서도 외면하지 않길 바랍니다.

19
JUN

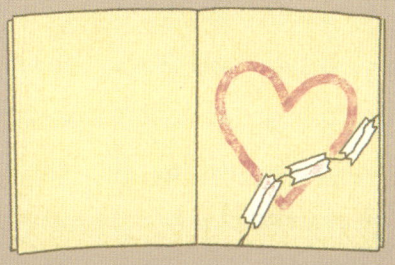

누구나 실수할 수 있고,
실수하니까 인간이라는 것을 인정하고
아이를 생각하면 이해하기가 훨씬 쉽습니다.
어른도 실수를 많이 하니까요.

11
JUL

자신도 모르게 나오는 말과 행동으로
상처를 주었다는 것을 부모 스스로 인정한다면,
아이에게 행하는 폭력을 끊어내고
새로운 방식을 찾을 수 있습니다.

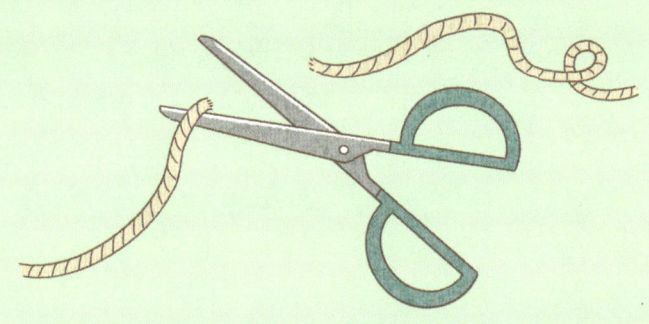

20
JUN

많은 사람이 자신한테는 관대하고 남한테는 엄격하지요.
자신에게 너그러운 만큼
아이가 서툴기 때문에
실수할 수 있다는 걸 이해한다면
"아, 실수했구나."라고 말할 수 있게 됩니다.

10
JUL

"내 아이가 어떻게 성장했으면 좋겠습니까?"

아이를 성장시키는 힘은
누군가로부터 받은 절대적 사랑입니다.

21
JUN

대화는 의식의 반영입니다.
평소에 '실수할 수 있지.'라고 생각하면
실제 대화에서도 "실수할 수 있어."라고 말해줄 수 있습니다.

9
JUL

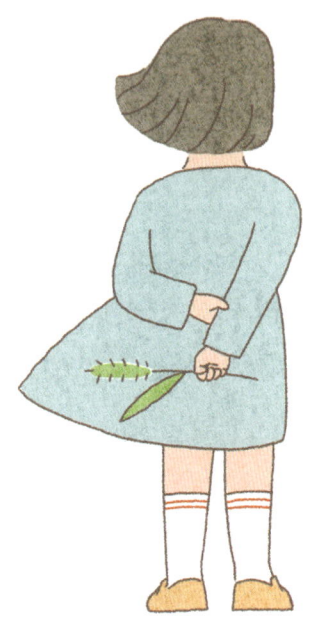

부모를 선택할 수는 없었지만
누구나 충분히 사랑스러운 존재로 이 땅에 왔다는 것을
우리 자신과 아이들이 알았으면 좋겠습니다.

22
JUN

실수한 아이를 윽박지르고 비난하는 것은
위험한 방법입니다.
하지만 아이가 실수했을 때
"괜찮아. 엄마(아빠)가 해줄게."라며
다 처리해주는 것도
아이의 도전을 가로막는 행동입니다.

8
JUL

건강한 어른이 된 당신,
어릴 때 내가 받고 싶었던 방식의 사랑을
'자라나는 어린아이'에게 돌려주려고 노력합시다.
누구나 사랑받고 싶어 하고 사랑받기 위해 태어났고,
사랑받을 자격이 있습니다.

23
JUN

아이에게도 스스로 더 나은 선택을 할 수 있는 힘이 있습니다.
아이가 실수했을 때 조금만 시간을 주면
스스로 이 실수를 어떻게 처리해야 할지 생각하게 됩니다.

7
JUL

내 안에 아직도 애도할 것이 있다면
어린 날의 나를 마음속으로 불러
위로하고 안아주세요.

24
JUN

위험하거나 급한 상황이 아니라면
아이가 실수했을 때 부모가 할 일은
바로 방법을 가르쳐주는 것이 아니라
아이에게 질문하고 처리할 시간을 주는 것입니다.
"실수했구나. 어떻게 하면 좋을까?"

6
JUL

폭력을 끊으려면
나의 상처를 들여다보고
그 슬픔을 애도하는 것이 먼저입니다.
자라면서 상처받은 경험이 있다면,
감당할 수 없는 폭력에 놓인 적이 있다면,
자신의 그 슬픔을 먼저 바라봐주세요.

25
JUN

아이에게 자신의 실수를 스스로 처리할 수 있도록
기회를 주는 것은 굉장히 중요합니다.
많은 경우 아이들의 문제 해결 아이디어는
놀라울 정도입니다.

5
JUL

내가 부모로서 아이에게 평화로운 언행을 연습하는지,
폭력적인 언행을 연습하는지 생각해볼 필요가 있습니다.
놀랍게도 아이를 학대하는 부모는
자신의 행동을 학대라고 인식하지 못하고,
인정하지 않는 경우가 많습니다.

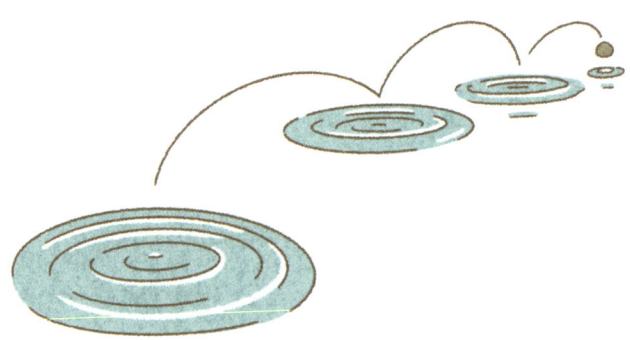

26
JUN

아이가 똑같은 실수를 반복할 때
"몇 번을 얘기해야 알아들어!"라고 말하는 것은
별 도움이 되지 않습니다.
이럴 때는 아이와 눈을 맞추고
"이건 정말 중요한 거야."라며 가르쳐주어야 합니다.

4
JUL

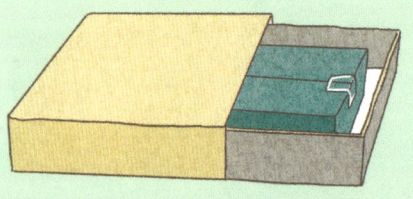

"마음 아팠던 그 일을 생각하면 지금도 힘드신가요?"
그 아픔은 다시 회고해볼 가치가 충분합니다.
숨긴다고 해서 극복될 수 있는 것은 없으니까요.

27
JUN

아이의 실수에 대해 주의를 줄 때는
실수를 한 직후가 아닌 시간이 지나 침착해졌을 때
다음을 대비해서 알려주는 것이 좋습니다.
아이의 실수를 마주한 그 순간엔
습관적으로 "왜 그랬어!"라는 말이 나올 수 있기 때문입니다.

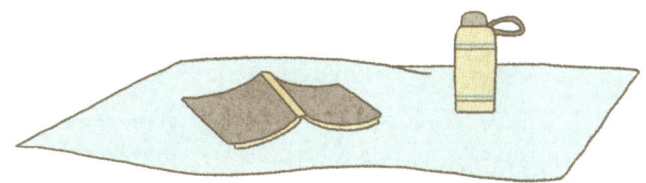

3

JUL

많은 사람이 어린 시절에 겪은 고통을 숨기려 합니다.
그것을 들추는 자체를 두려워하지요.
두렵기 때문에 더 강한 척하기도 하고 나약해지기도 합니다.

28
JUN

아이가 위험한 실수를 했을 때는 부모가 알려주는 행동 방침이
왜 중요한지를 먼저 설명해줘야 합니다.
이때는 말의 의도가 잘 전달되도록
반드시 아이의 눈을 보고 이야기하세요.
다른 일을 하면서 얘기하는 게 아니라 아이와 눈을 맞추고
"중요한 거니까 잘 들어봐. 알았어?"라고 이야기하는 겁니다.

기억해주세요.
어떤 상황이라도 아이를 때릴 이유는 없습니다.
폭력은 결코 사랑의 수단이 될 수 없습니다.

29
JUN

부모도 지치는 날이 있고 유난히 힘든 날이 있지요.
그럴 때는 아이의 작은 실수에도 짜증이 나고
화가 날 수 있습니다.
그러나 어른인 부모는 아이와 달리 자신을 돌볼 힘이 있습니다.
나 자신을 돌보면서 아직은 부모의 마음을
헤아리기 어려운 아이의 입장을 먼저 생각해주세요.

1
JUL

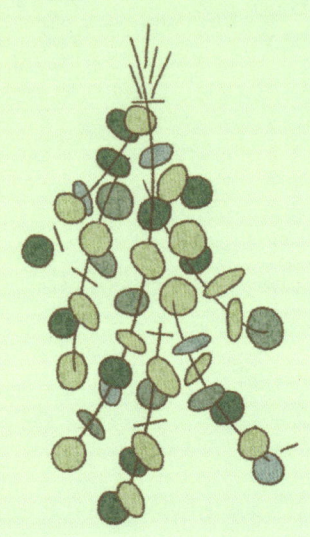

부모로부터 받은 상처를 가슴 깊은 곳에 묻어둔 채
거기에서 헤어나지 못하고 살아갈 때가 많습니다.
과거로부터 벗어나기 위해서는 고백의 과정이 필요합니다.
고백이 갖고 오는 치유의 힘이 있기 때문입니다.

30
―――
JUN

마음에 들지 않는 아이의 모습이 있으면
아이의 입장에서 생각해보고, 달리 말해보세요.

- 아이의 잠재력과 현재 위치, 현실적 역량을 인정해주세요.
  아이의 지금 노력이 아이가 할 수 있는 최선임을 인정하는 것입니다.
  "노력해주어서 고맙다."
- 다른 아이, 다른 기준이 아닌 '내 아이의 예전보다 조금 더 나은 모습'을 위한
  방법을 찾아서 제안해보세요.

JULY

7월

내 안의 화와 슬픔을
알아보고, 달래주는 달